信じることから始まる探究活動のすすめ

邪魔せず寄り添う「ゆるふわ」探究を始めよう！

河添健・後藤健夫・唐澤博
難波俊樹・飯泉恵梨子
著

大修館書店

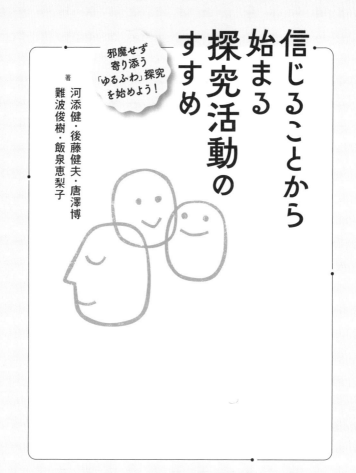

まえがき

生徒を「大きなお世話」から解き放て

教育ジャーナリスト　後藤健夫

「伸ばす」のではなく、「邪魔」をしない。それは「○○嫌い」にしないことでもある。こう書くと、とても消極的に思われるかもしれない。しかし、昨今の教育現場には「大きなお世話」が蔓延《はびこ》っている。そこが問題なのだ。

なんのための「進路指導」か

はたしてどれだけ生徒が自由に自らの生き方を決めているだろうか。

昨年、あいみょんが自分のこれまでの生き方を語ったNHKの番組で、学校の先生に「歌手になりたい」と相談したら「そんなことはいいから、勉強しろ」と言われ、それがきっかけで学校を辞めることになったと語っていた。彼女にとって「勉強しろ」は「大きなお世話」である。勉強しなくても彼女は人間が抱く思いを歌詞とメロディに乗せて唄うことができた。この経緯が彼女を大きく成長させたのかもしれないが、当時の彼女の思いを考えれば、とても不幸なことである。その思いは「tower of the sun」という曲に書き込まれている。あいみょんの地元である阪神甲子園球場での弾き語りライブではこの曲を涙ながらに唱った。

ある教育委員会で高校校長に講演をした。「志望理由書なんて読んでいないし、読んでいたとしても面接時間に二〇分もかけていないところは、高校のランキングと見てはいけない評定平均値で評価していると考えていい。大学の教員に二〇分の面接で合否を決める評価はできない」と喝破したら、教育委員会側から「総合型、学校推薦型の細かなデータを高校から提出してもらいデータ化している。おっしゃるとおりで国立の難関大ほどこの傾向は強い。共通テストと評定平均値との相関は強い。共通テストでしか評価していないから共通テストの結果で、合否のラインが見えるケースもある。探究のテーマとはまったく相関がない」と。

そもそも大学は、学生募集には熱心だが、選抜試験には熱心ではない。大学教員は自分の専門に関わらない分野には興味は薄い。しかも難関大学であればあるほど、基礎学力さえ担保していれば選抜による学生の能力の差異には柔軟だ。どんな選抜方法であったところで、必ずしも思ったように選抜できないことを知っているからだ。小論文を書かせたところで、大意において見方が分かれることもある。細かなお作法だけを採点基準にするような形式主義はナンセンスだと考えている。特に面接試験における再現性のなさ、排除できない恣意性は常に議論されて確認されており、もうどうでもいいのだろう。学力試験であってもそうだ。「1点刻み」の評価が必ずしも能力の差を表すものではないことは経験的にも論理的にもわかっている。基礎的な事項で暗記すれば済むようなものも思考の過程を問うものも1点の重みに差異はない。むしろ最終的には「運」に左右されることは突き詰めて考えればわかることである。だから何らかの合理的な方法で受験生が合否に納得してくれればいいと考えるし、そうしたことに労力を払いたくないと考える向きがある。しかしながら、こうしたことを高校も受験生も知らない。

なんのための「受験勉強」か　競争を煽らない教育

こうした中で、高校生は受験勉強を強いられる。高校が募集のために合格実績に熱心だからだ。あと数年も経てば、少子化の煽りを受けて、多くの大学で選抜試験は成り立たなくなる。すでに幾つかの大学ではそうなっている。「受験勉強」を押しつけられれば「嫌い」を生む。押しつけられた「受験勉強」は、高校生のためにではなく、高校のために存在するものになってしまったかもしれない。なんとも不幸なことである。

少子化により、大学入試の競争が緩くなった。受験勉強をしなくても大学位は入れる時代だ。昨今の高校教育は競争を煽ることでしか成立していなかったのではないかと感じるところが多い。競争を煽らない教育とはなにか。このヒントがこの本には書かれている。「大きなお世話」をやめて受験勉強から離れた結果、合格実績が上がったのが、今回この本で紹介される東京女子学園である。

生徒を「伸ばす」のではなく、生徒の「邪魔」をしない。「大きなお世話」をやめるだけで、生徒は自由に伸び伸びと学びはじめるのだ。

目次

第三章

探究は百人百色—東京女子学園の実践　75

第一章

探究のすすめ

河添　健

何をなさっているのですか、と人から問われれば、数学の研究と答えている。縁があって慶應義塾に在職中に湘南藤沢中等部・高等部の部長（校長）を二年半、また定年退職後に東京女子学園中学校高等学校の校長を三年務めた。教育関係者ならば真っ先に思い浮かべるのは、偏差値トップの学校とボトムの学校であろうか。東京女子学園の校長を受けるにあたって、湘南藤沢中高等部に並ぶ学校を目標とします、と答えたことを懐かしく思う。私は偏差値への依存が日本の教育をおかしくしていると思っているので、当然、偏差値で並ぶことなどは毛頭考えていなかった。元気な生徒、未来を創造する生徒という人材で並ぶことを目標とした。その仕組みが東京女子学園の探究である。

昨今、探究という言葉が教育界を席巻している。各人によってとらえ方が異なることもあるので、この章では探究の意味するところを共有し、さらに東京女子学園で行われた探究を紹介したいと思う。

一・一　学びと探究

○未来からの留学生

一九八六年に慶應義塾は創立一二五年を迎え、その記念式典で当時の石川忠雄塾長は義塾の社会への貢献を約束した。その一つが教育改革であり、一九九〇年の湘南藤沢キャンパス（SFC）、ニューヨーク学院（高等部）の開校、一九九二年の湘南藤沢中高等部の開校へとつながる。国際社会で活躍する人材を育成するために、従来の知識の教育のみならず、いわゆる問題発見・解決する能力、そして何よりも主体的に学ぶことを重要視した。SFCには総合政策学部と環境情報学部が設置され（二〇〇一年に看護医療学部を開設）、そこに集う学生を「未来からの留学生」として熱く迎えた。当時の入試問題の表紙には「未来からの留学生のみなさんへ」とメッセージが添えられていた。

そのような学生に対する教育をいかに行うか。それは未来での常識でなくてはならず、この視点に立って多くの教育改革が試行された。今では当たり前となっている「AO入試（総合型選抜）」「授業評価」「シラバス」などが導入された。さらに学びへの高いモチベーションを持って入学したAO入試による入学者に対しては、彼らの主体的な学びを維持する工夫がなされた。必修科目をほぼ無くし、カリキュラムは自分で創意工夫する。研究会（ゼミナール）へは一年次から、さらに複数への参加を認めた。開講科目も主体的な学びを強く意識した内容が多く、グループワークやPBLが当たり前の活気のあるキャンパスが誕生した。

○問題発見と探究

未来からの留学生は未来を知っている訳ではない。しかし成長し彼らが未来の社会を動かしていくことは明らかである。彼らがより良い未来を創造する力は何か。技術に視点を置けば、理工系の知識は必須である。しかし単純な技術的な知識の集積だけでは未来は創造できない。そして多様化していく未来社会を構築するには技術的な視点だけでは足りないことは明白である。理系や文系にこだわらず、まずはより良い未来社会にするために今、解決すべき課題は何か？　技術を含めた多くの課題を見出すことを教育のスタートとした。ＳＦＣが未来からの留学生に送ったメッセージが問題発見である。

一九九二年にWindows3.1が登場し、一〇年後にはＧＡＦＡの母体となるベンチャー企業が登場する。どうして日本にはＧＡＦＡのような企業が育たなかったのか。知識量からすれば、日本は世界のトップに並ぶ。しかしこの豊富な知識からイノベートする力が生まれなかった。何故かと言えば、知識を偏重する日本の教育風土が、革新する能力を抑えこんでしまったからである。知識だけでは問題は解決できない。この事実を、問題を発見したＳＦＣ生は最初に学ぶ。問題を解決するためには、多くの試行錯誤を繰り返し、そして新しい発想を必要とする。ＧＡＦＡとまではいかないにしても、ＳＦＣ出身のＩＴベンチャー経営者が多く生まれた事由は、この試行錯誤と革新にある。これこそが探究なのである。

○知識と探究──楽しい学び

知識を偏重する日本の教育風土と述べたが、戦後に限っても偏差値が登場し、生徒の学力指標となった。そしてその生徒の進学先をもとに、中高大の教育機関が偏差値によってランク付けされた。関東・首都圏においては〝お受験〟のための塾通いが恒常化し、高い偏差値の教育機関に進学することが勉強の目的となった。もちろん豊富な知識を蓄え、良い教育機関に進学すること自体は悪いことではない。生徒本人が楽しく勉強をしているならばまったく問題ない。しかしこのことをベストとして受け入れてしまうことは問題である。この状態を甘受しては、イノベートする力、未来を創造する力が育たないのである。

国際学力調査（PISA）がOECDにより七〇数か国を対象に三年ごとに実施されている。コロナ禍の影響で最近の結果は公表されていないが、二〇一八年の結果は、日本は数学的リテラシー六位、科学的リテラシー五位、読解力一五位であり、二〇一五年の調査と比べると順位を落としている。上位は中国・シンガポール・マカオである。このような順位に一喜一憂してもあまり意味はないが、問題は教育の質である。OECD教育・スキル局長であるアンドレアス・シュライヒャーは日本の生徒について優秀であることを認めつつも、「日本の生徒とシンガポールの生徒との違いは、シンガポールの生徒は研究者のように勉強するところだ」と講演などでその違いを明確に指摘している。

今回の中高教育における探究の時間の導入は、日本の教育の質を変える試みである。シンガポールに順位で勝つのではなく、その教育内容に追いつくことが求められているのである。問題解決のために試行錯誤し、その過程でイノベートする能力を養う。この体験を通して初めて生徒は研究者のように勉強するのである。知識と探究は車の両輪である。この両輪のもとで勉強することこそが、楽しい学びでありベストなのである。

○回らない両輪

知識と探究を車の両輪に例えたが、この二つの車輪は同質ではない。知識は読み・書き・そろばんから始まり、年齢に応じて標準的な教え方を定めることができる。まさに教科書による学習である。私は数学者なので数学の教科に関してコメントすれば、日本の数学の教科書はすばらしくよくまとめられている。小中高とそれなりに教科書を使って学習すれば、大学での学習においてもまったく支障はない。ところが大学三年生が就職活動の採用選考でＳＰＩ（総合適性検査）を受けると、割合の問題（中学レベル）が解けない。聞けば高校一年のときに文系コースに入り、数学教育から遠ざかってしまった。大学受験のための知識教育は本末転倒し、人格形成としての知識教育をおろそかにしてしまった。この違いを理解しなくては真の知識の車輪は回らない。

小中学校の頃は、夏休みに自由研究があったかと思う。親に手伝ってもらい、締め切り間近になると、もっと早くからやっておけば、と誰もが反省したかと思う。高校になると受験勉強が主となり、自由研究は無くなった。この自由研究は必ずしも楽しいものではなかった。何かに興味を持っている子供や、すでに何かを主体的に行っている子供にとってはそれをまとめればよく楽勝である。でも何をしてよいか迷い、親にアドバイスを求める子供が主流であろう。探究はある意味ではこの自由研究に似ている。主体的かつ継続的な自由研究である。主体的に課題を見つけ、調べ、考える。そして解決に向けた提言を表し、さらに深みのある課題へと問題を掘り下げていく。課題が更新され、再び探究が始まる。この繰り返しを体験することが探究の時間である。まさに試行錯誤から生まれる革新である。しかし知識の教育と違って、主体的に課題を見つける時期は人それぞれである。中学生のときに出合う人もいれば、定年退職後の第二の人生で出合う人もいる。では探究の時間に何を教えるのか。一番悩むところである。ここで〝教える〟と思うのはおごりで、まずは試行錯誤を体験さえできれば十分である。答えを与えず、徹底的に悩ませる。受験のための偏った知識教育とも、人格形成の知識教育とも異質なのである。これを無駄な時間と思うようでは探究の車輪は回らない。

○大学受験と探究

人格形成のための知識教育も試行錯誤を繰り返す探究教育も回らず、受験のための偏った知識教育が高速回転しているのが日本の実情であろうか。今回の探究の時間の導入は知識と探究の両輪を正しく回し、楽しい学びの場を再構築する試みである。そして研究者のように勉強できる学びの場を目標としている。ところが主体性に重きを置き、悩ませ、試行錯誤をさせる探究教育は、短期決戦の一般受験の指導には向かない。高速回転している受験指導をおろそかにできず、探究の教育は二の次にされる。しかしよく考えれば明らかな手順前後である。まずは探究教育で主体的な学びを習得し、学びへのモチベーションを明確にし、その上で主体的に大学、学部を選び、受験勉強する。これが標準、世界標準である。

とはいえ現状の受験指導者から見れば、理想論をいくら言われても困るのが本音であろう。幸い各大学が一般入試と平行して総合型選抜を導入する傾向が強くなっている。一般入試では知識を主に点数で評価するのに対して、学ぶ力を総合的に評価・判断するのが総合型選抜である。主体的な学びやモチベーションが問われるわけで、探究の学習には打って付けである。そこで探究の学習で良い成果を上げて、総合型選抜にチャレンジする、という流れが生まれる。このとき注意すべきは、総合型選抜のために探究学習を評価し、その評価のもとでより良い成果を求めることは、偽物の探究を生む可能性があることである。探究学習のポイントは主体的な試行錯誤であり、成果は二の次でよい。より良い評価を目指して勉強することは真の探究とは違う。

大学の視点

高校の現場では、先生方が探究の時間での生徒指導に苦労していると聞く。生徒が良い課題を見つけ、良い成果を出し、総合型選抜で合格できるようにするにはどうしたらよいか。このような考え方では、探究のポイントである、徹底的に悩ませ、試行錯誤をさせることはおろそかになる。そもそも評価を求めること自体、ある意味では本末転倒なのである。良い成果を得たとしても大学の入試担当の先生は、果たしてそれをどれだけ評価するだろうか。褒めるにせよ、それで合格することはない。もちろん学術誌に掲載されるような発見や成果であれば大いに注目はするが、それとて即合格にはならないだろう。

考えてみて欲しい。高校の先生方は大学で卒業論文を書かれたことと思う。研究室（ゼミナール）や学部ぐらいの範囲では高い評価を受けたとしても、アカデミックなレベルからすれば卒業論文はまだまだ稚拙である。大学の先生が二～三年かけて指導してもその程度である。したがって高校生の良い成果を見ても、よく頑張ったレベルであろう。改めて総合型選抜が何を評価するのか、思い出して欲しい。〝学ぶ力〟であって学んだ成果ではない。探究学習の視点から見ても、成果よりは、課題に対する主体性や課題の深み、今後の課題へ発展させる力である。どちらも一言で言えば生徒の〝伸びしろ〟を期待しているのである。ある小学校の入試選抜で、知恵の輪を解く課題が出された。多分、早く解くことの能力判定ではないだろう。みんなが解けても一人解けず、試験時間を過ぎても粘り強く解き続ける子は期待が持てる。大学の総合型選抜も同じである。

◦大学の責任

一般入試に加えて総合型選抜が導入され、入試が多様化したことは、生徒の多様性を受け入れることにつながるのでとても好ましい。総合型選抜では生徒の知識・技能、思考力・判断力・表現力などの多面的な視点から、大学での学びの意欲を試される。スポーツ系で総合型選抜に合格した場合、多くの学生は入学後も体育会などに所属してスポーツを続けるので、高校と大学が線でつながる。ところが探究学習などを通じて、課題解決への高いモチベーションをもって総合型選抜に合格した場合、大学側がどれだけ配慮をしているか、見極めることが必要となる。総合型選抜の募集定員が若干名であれば、そのような合格者に特別のカリキュラムを用意することは大変であり、大学三・四年の専門課程までは、通常の学生と一緒に普通のカリキュラムで学ぶことを余儀なくされる。高校と大学の学びが点として存在する。もっともやる気があれば主体的にそこを線でつなげばよい。手前みそになるが、工学部で数学の講義に物足りず、友人と勉強会を開いたことを懐かしく思い出す。とはいえ大学側が課題解決へのアドバイスをするなり、高校での学習が継続するなりして、高校と大学が線でつながるに越したことはない。

ＳＦＣのＡＯ入試は募集定員が多く、総合政策・環境情報を合わせると三〇〇名である。内部進学者、留学生を加えれば、五割以上が一般入試以外である。こうなると彼らの主体的な学びを維持するための工夫が必須である。前述したように必修科目をほぼ無くし、カリキュラムは自分で創意工夫できるようにした。研究会（ゼミナール）へも一年次から、さらに複数の研究会に所属できるようにした。ＡＯ入試で、新しい農業を探りたい、と言って合格した学生が、畑が欲しい、と言えばキャンパスの一部をあてがった。学習奨励金も用意した。受給の条件は、〝授業と関係ないこと〟である。主体的な学びを習得した学生は見守りながら、ほっとくことが一番である。知識の車輪は自分で回すぐらいの主体性を求めているのがＳＦＣなのである。

○点から線へ──教育の世界標準

教育というと、小学校、中学校、高校、大学の教育機関で受ける授業を思い浮かべる人も多いことかと思う。しかし学びは一生を通して主体的になされるもので、授業はその補助的な役割かと思う。授業を受けて卒業資格を得たとしても、それは資格を得ただけに過ぎず、学びを楽しむこと、学びを極めることとは別である。前述したように知識の教育は、それなりに体系化できるが、探究の学びは個人差が大きい。しかしいつでも各人が主体的にこの両輪を回すことができれば、これほど楽しいことはない。学びの楽しさである。高大接続やリカレント教育などと学びの継続性が言われているが、要は、学びは生涯に沿った線であって誰もが自由に設計できることである。

日本は教育機関への入学に重きを置くために受験が存在する。偏差値が浸透し、世界では通用しない尺度で生徒が評価される。そして受験のための偏った知識教育が、学びの生涯線を断絶し、学びが点として局在するのである。結果として大学生でも分数の計算ができず、中学レベルの割合の問題が解けないのである。計算能力の危機を言っているのではない。日本の教育システムの危機なのである。研究者育成においてもシンガポールに追いつけないどころか、日本の研究力は衰退傾向である。正直、今回の探究教育がうまく行かなければ国が亡びるぐらいの危機感である。

学びの理想をどこに求めるか。国際バカロレア（ＩＢ）は、英語力や英語での授業の話と受け取る人も多いかと思うが、目指すは学びの世界標準である。その目的は「多様な文化の理解と尊重の精神を通じて、より良い、より平和な世界を築くことに貢献する、探究心、知識、思いやりに富んだ若者の育成」であり、「共感する心をもって生涯にわたって学び続ける」ことを呼び掛けている（以上「ＩＢの使命」より）。このことに異議を唱える教育者はいないだろう。これが世界の標準で、多くの若者は学ぶことの意義を見つけ、学びを楽しんでいる。日本で自浄作用が働かないならば、若者は世界に出ていった方が良い。

一・二　湘南藤沢中高等部と東京女子学園
――建学の精神と探究

両校の校長を務めたが、両校の建学の精神には共通するところがある。それは福澤諭吉の実学の教育である。両校に限らず伝統のある私学は何らかの形で福澤諭吉の実学の教育を継承しているのではないだろうか。私はこの実学こそ現代でいう探究に他ならないと考えている。両校の生い立ちを振り返るとともに福澤諭吉の実学――探究――に触れたい。

○福澤諭吉の実学と探究

前節で湘南藤沢中高等部の開校が慶應義塾の教育改革の一環として位置付けられたと述べた。その根幹は創始者福沢諭吉の教育理念の再確認である。大学においては、六〇年代後半に起きた大学闘争は七〇年代には終わる。しかし七〇年代はまだモラトリアムの要素も強く残り、たくさんの雀荘が大学の周辺にはあった。八〇年代になると学生は徐々に真面目に勉強するようになる。良い成績を修めて大手企業へ就職することを目標とするようになる。しかし大学を卒業しても英会話はままならず、駅前の英会話教室が繁盛する。企業側も大学での成績が必ずしも企業の求める人材とはマッチしないことに気付き、体育会系などの別の切り口で人材を求める。大学教育は一体何なのか。ここに至って大学がこれからの国際社会で活躍する人材を十分に育てていないことが明確となる。慶應義塾においては福澤諭吉の教育理念を再確認することが必要となった。

福澤諭吉は独立自尊を説いたがそれを実現するために実学を勧めた。この福沢諭吉の言う実学は単純に実業と結び付ける実学ではない。当時の学問は高度な知識の習得であり、したがって身分の高い者のみが学問をした。それに対し学問は普通の人が平等にするものであり、知識の習得に限るものでなく実学である。そしてそれにより各人の独立が得られる、と福澤諭吉は説いたのである。では実学が何かと言えば、ここは専門家の意見も色々とあり難しいところで、倫理的な側面まで含める考えもあるが、主たる考えは道理である。今でいう科学的実証に基づくアプローチである。ただ単なる道理よりはそこから生まれる革新性にも期待を寄せており、まさに探究に他ならないのではないかと私は思っている。『学問のすすめ』の「進まざる者は必ず退き、退かざる者は必ず進む。進まず退かずして瀦滞《ちょたい》する者はあるべからざるの理」は、まさに試行錯誤し革新する〝探究〟の理に他ならない。

○湘南藤沢中高等部の誕生

湘南藤沢中高等部はこうした教育改革の流れの中で生まれた。慶應義塾はすでに一貫教育の体制を整えていたが、大学の改革と呼応する形の新しい中等教育機関としてスタートする。初代部長（校長）は慶應義塾高等学校（塾高）の校長を務めた稲田拓である。おそらく塾高を改革する気持ちで湘南藤沢中高等部を立ち上げたのだと思う。私も塾高出身であるが、今から思うと当時の先生方は、大学の授業スタイルで我が道を行く講義をされていた。それはそれで楽しい授業もあったが、最悪な授業もあった。湘南藤沢中高等部では、それは許されず、当たり前のことであるが教科ごとに進捗を共有し生徒に寄り添った授業がなされた。先生方の生徒指導や授業に対するモチベーションは高く、今でいう探究型の授業は普通に行われた。さらに生徒の主体性を重視し校則はない。福澤諭吉の実学の教育を具現化した理想の共学校と言ってよい。受験勉強が無い分、授業にプラスアルファの余裕ができる。探究型の授業もこのプラスアルファのおかげであるが、もう一つの利点は先生方が個性を十分に発揮できる点である。生徒は授業よりは先生方の個性を楽しむ。この先生方の個性を知ること、すなわち授業とは離れたところに人間としての面白みを見出すことこそ授業で教授すべき最も大切なことではないかと思う。私は五代目の部長として着任したが、ここまで初期設定がきちんとなされ、かつ継承されているとなれば楽なものである。とはいえ東日本大震災の対応、ＩＴ化、情報管理、危機管理などといろいろなことを試みた。幸い生徒からは人気があった。理由を聞けば「スピーチが短い部長」とのこと。いつもサバイブしろ、と面白おかしく伝えた。こんな部長でも大学の教授で数学者なんだぞ、と個性を発揮した。先生や教授も多様なのである。嬉しかったことは生徒の大学学部への推薦に際し、生徒各人が主体的に進路を考え、志望学部が偏りなく一〇学部へ分散したことである。親の進める人気学部ではなく、自分のやりたいことを目指してくれたことである。慶應義塾の一貫教育といえども主体性の教育は難しい。

○福澤諭吉と女子教育―東京女子学園の誕生

福澤諭吉は、慶應義塾の開校当初より女子教育に強く関心を持ち、明治初期には着手する。女性の経済的自立を目的として一八七二年（明治五）に衣服仕立局を立ち上げ、翌年には女学所で女子教育を始める。また一八七九年（明治一二）には和田塾（現幼稚舎）に教職員や門下生の娘を集めて二年ほど女子教育を行っている。しかしすべて長続きすることなく終わる。まだ女子が高等教育を受ける時代ではなく、当然大学の部は男子のみである。女子教育を思い通りに実現できなかった福澤諭吉は以降、執筆活動を中心に、女子教育の必要性を説くことになる。実際のところ慶應義塾が高等教育の場として女子を最初に受け入れるのは一九一八年（大正七）に設立された医学科附属看護婦養成所である。また大学においては一九三八年（昭和一三）に女子聴講生を受け入れ、そして正式な女子学生の誕生は一九四六年（昭和二一）である。

福澤諭吉が女子教育に関心を持った理由は西洋を見聞したことによる。明治初期の頃は女性が経済的な自立するために教育を受けることを重要視し、「女子の教育は従来の家事の教育に加え、読み書き、そろばん、母親としての子供の教育のしかたが必要としている。」（「女子教育の事」明治九。現代語訳は、中村精二「渡邉辰五郎の先見性：渡邉辰五郎、那珂通世、福沢諭吉を通じて見た女子教育」『東京家政大学博物館紀要』一七巻、二〇一二年二月、による）と述べている。やがて女性の生き方としての良妻賢母に踏み込む。明治初期の良妻賢母と言えば、女性は家を守りながら子供を大切に育てるという封建的な考えである。それに対して福澤諭吉の良妻賢母は、西洋的な家族論にもとづくものである。良妻よりは賢母を強く意識している。男女は平等であり、共に国の繁栄に貢献する。そのためには女子も実学を学ぶべきであり、「男女共に物理学を土台にして専門を学ぶべきとし、女子は特に、物理生理衛生法、地理歴史が大切で特に経済と法律が必要である。それは、夫と別れても生計が営めるためで、西洋にはその例が多く見られる」（「新女大学」明治三二。現代語訳は前掲論文による）である。実学を学び、男性に依存せず、経済的にも精神的にも自立する女性である。

東京女子学園は一九〇三年（明治三六）に、東京府で最初に開校した私学の女子高等学校である。初代校長は棚橋絢子《あやこ》で、六五歳で着任し一〇〇歳まで校長を務めた。訃報はニューヨークタイムズにも掲載された。愛知で教育活動に従事し一八七五年（明治八）に上京する。その後、東京女子師範学校、学習院女子部の訓導を務め、一八八六年（明治一九）に私立金声小学校を創立する。一八八四年（明治一七）に成立学舎女子部教頭、一八八六年（明治一九）に名古屋高等女学校校長、一九〇〇年（明治三三）に愛敬女学校校長と歴任し、そして一九〇三年（明治三六）に東京女子学園（当時は私立東京高等女学校）

の校長に着任する。棚橋絢子は福澤諭吉と深い縁がある。あるとき福澤諭吉は旧大名小笠原家のお嬢様の教育を頼まれ、棚橋絢子を招聘する。彼女は幼稚舎の敷地に住み、そこから家庭教師や竹橋女学校の教師として勤めに出ている。また慶應義塾図書館史には面白いエピソードが書かれている。後に塾長となる鎌田栄吉が図書目録の作成に汗を流していると、〝箒〟の仮名が分からない。「はうき」かそれとも「ほうき」か。そこで棚橋絢子女史に助けを求めると、「ははき」ですよと教えてもらった、とある。

東京女子学園が開校するのは福澤諭吉が亡くなって二年後である。棚橋絢子が新しい女子学園の校長に着任するにあたり福澤諭吉の女子教育論を意識しないはずはない。むしろ学園の創業はその実現のためだろう。学園の建学の精神も一言で言えば、自立して生き抜く良妻賢母である。実学——探究——を学ぶ最先端の女性である。

一・三　探究の実践

○東京女子学園の現実—二〇二〇年

私が慶應義塾の定年を迎える少し前に、縁があって實吉幹夫《さねよしつねお》東京女子学園理事長・校長にお会いした。学園は学則定員が充足できず、ひん死の状態とのこと。これを脱するには何か良いアイデアはないか、共学化は必要か、と聞かれた。あまのじゃくな私は共学化のトレンドに乗っても面白くないと思い、女子校を堅持し他校にはない新しいことを始めれば希少価値が高まり回復できますよ、と答えた。そして新しいこととして

（1）脱偏差値
（2）データサイエンス教育にもとづく文理融合——女子の理系教育
（3）ジェンダーギャップを解消できる女性の育成

をあげた。二〇一九年一二月のことで、この頃は大学教育においてデータサイエンスが話題になり始めたばかりで、世間ではまだ言葉すら浸透していなかった。またジェンダーギャップ一二一位（当時）を話題にする人も少なかったかと思う。そして目標とするは湘南藤沢中高の生徒と同じように元気で未来を創造する人材の育成である。實吉理事長も大いに同調され、是非、校長をお願いしたいとなった。前述の義塾と学園との深い縁もあり、受けることにした。

二〇二〇年四月に校長として着任して直ちに現実の厳しさに直面する。その年の中学一年生は九名、高校一年生は三一名である。多くの在校生は主体性がなく、大学への進学は

指定校推薦でどこかに行けるだろう、と思っている。そもそも教員室が封建時代の良妻賢母を育てるような雰囲気で、主体性を育てるような教育を感じない。そしてひん死の学園なのに教員の改革意識がまったくない。しかし（1）～（3）の御旗を掲げたからには具体化すべく、「Data Science, Design and Arts（DSDA）」を今後の教育目標とした。そして各教科の先生方にはデータサイエンスの視点での授業をお願いした。それには先生方がデータサイエンスを知らなくてはならない。教員会で何度かデータサイエンスとは、と説明をしたのだが反応が悪い、悪すぎる。これではとても生徒にデータサイエンスは教えられない。教科ごとのデータサイエンス教育は即ギブアップした。

この学園に必要な教育は何か。生徒の自己肯定感を高め、主体性を持たせることであり、学びの再構築が必要である。それは生徒に限ったことではない。

○学びの再構築――探究

知識の車輪も空回りである。できない生徒はできないことを確認するために試験を受ける。そして何度も再確認する。何故かと言えば、先生方は教科書を使って熱心に教えるが、生徒の主体的な学びには届かないからである。私は数学教育には経験が豊富なので、数学の教科の先生方に、「できる生徒は勝手に勉強するので、放っておいて構わない。で

学年	第1ターム	第2ターム	第3ターム	第4ターム	第5ターム
中1	情報リテラシー	データサイエンス基礎	データサイエンス基礎	プログラミング基礎・IoT	プログラミング基礎・IoT
中2	情報リテラシー	コンピュータサイエンス基礎	プログラミング基礎・IoT	デザイン思考ワークショップ	ゲーム学習
中3	デジタルファブリケーション	デジタルファブリケーション	異文化コミュニケーション	データサイエンス基礎	選択・オムニバス
高1	データサイエンス基礎	企業連携枠	企業連携枠	検定・コンテストチャレンジ	プログラミング学習
高2	企業連携枠	デザイン思考ワークショップ	研修旅行事前学習	研修旅行事前学習	AI講座①
	検定・コンテストチャレンジ	検定・コンテストチャレンジ	コンピュータサイエンス基礎	コンピュータサイエンス基礎	選択・オムニバス
高3	AI講座②	異文化コミュニケーション	選択・オムニバス	選択・オムニバス	—

DSDAプログラム一覧

きない生徒を構ってください。教科書通りに教えなくてもいいです。」と言ったことを覚えている。教科書の単元をこなすことを優先し、生徒を置き去りにするのは本末転倒である。ましてや多くの生徒ができないのであれば、教科書から離れてでも独自の教授法を見出すべきである。知識の車輪を回すにも学びの再構築が必要であった。

　幸いにも中学には「総合的な学習の時間」、高校には「総合的な探究の時間」がある。DSDAの御旗を掲げ、知識の車輪を正しく回すにはこの時間をフルに活用するしかない。四月に一緒に着任した難波俊樹に七月までに探究の時間を使ったＤＳＤＡのカリキュラムの策定をお願いした。彼も同じ思いだったのだろう、提案された案（方針）は満足いくものであった。二年間かけて完成させたプログラムは右のようなものである。

第三章では探究の時間の活用として、ここで行われた実例をいくつか紹介する。そして難波と共に最も注意したことは「学びを楽しむ」ことである。このＤＳＤＡプログラムを総括的に整理すれば次のようになる。

①学びの作法を学ぶ

・新学期の一か月、五月の連休までは授業をしない。教科書に書かれてないこと、文章の読み方・書き方、議論の仕方などを学ぶ。

②学びの目的は未来を創造すること

・知識の習得は各教科の基礎で十分とし、探究では未来を創造することに重きを置く。これにより知識の学びに対する動機付けを期待する。

③現実社会とのつながり

・企業と連携し現実社会の問題を身近にとらえる。単なる企業紹介はＮＧとし、企業とのコラボレーションが目標。企業側と学校側が一緒にプログラムを作成する。

④もの作りの楽しさ

・調理実習からロボットの製作までもの作りの楽しさを体験する。また身近なもの、例えばゲームアプリなどの製作過程をクリエーターの方から学ぶ。

⑤起業すること

・女性起業家から起業とは何かを学ぶ。内閣府主催の「地方創生☆政策アイデアコンテスト」に参加し、また実際に現地（駒ヶ根市）で地方創生について考える。

⑥探究ゼミ

・先ほどの表にはないが、先生方に大学のゼミ形式の授業をお願いした。内容は自由で教科とは違う学びの楽しさ、そして何よりも先生の個性に触れることを目的とする。

○探究のすすめ

難波を中心に二〇二〇年九月よりＤＳＤＡのプログラムを始めた。当然、大きな反発が起こる。そもそも改革意識がまったくない中で、突然にこれをやります、となったわけでまさに泰平の世の天変地異である。教育効果があるのか、時間の無駄だ、生徒指導に問題だ、学園の校風に合わない、などなど。難波も私もやるしかない、の気持ちで乗り切った

感がある。結果として予想以上の効果があり、

（1）未来の社会で活躍する女性の育成
（2）「女子は～」という多くの固定観念の打破
（3）生徒一人ひとりの自己肯定感、主体性を高める

ことにつながったかと思う。また多くの先生方も意識が変わった。特に企業連携で社会人との授業づくりのグループワークに参加された先生方は、どのような学びが求められているのか、そしてそのための学びの場をどのように作るのかを実践した。

生徒も校長が変わり、何だか変だぞ、と感じたに違いない。封建時代の良妻賢母から建学当初の福澤諭吉の良妻賢母へ戻すために、封じられていた生徒の要望を多く聞き入れることにした。自主的な文化祭の開催や校則変更（スラックスの導入、髪型校則の変更）などの改革につながった。ただし、校長はなかなか「はい」を言わない。生徒会は校長を説得するには、と大いに考える。もちろん生徒指導の先生方の助言もあるが、校則変更に関しては、近隣の学校の実態調査、生徒や保護者へのアンケートを実施し、必要性のエビデンスを確保する。そして生徒会の代表が校長を含めた先生方の前でプレゼンをする。説得力が

なければ再挑戦である。これも探究学習である。

自己肯定感や主体性を理解させ教えるのは難しい。しかしこのＤＳＤＡのプログラムで「学びを楽しむ」ことを体験した生徒は徐々にではあるが、自立して生き抜く女性に戻ってきたように思う。高校三年生は与えられた指定校推薦にこだわらず、自分で進路を決めてくれた。「あんなにできなかった娘が自分で進学する学部を探し、合格できたことに感謝します。」との父親の言葉が忘れられない。

第二章

ゆるふわでいいじゃん

――教えたがらない教員二人の対話

難波俊樹・飯泉恵梨子

二・一　なぜ心理的安全性が必要か

○引き算を知らない教員

A「以前、本書のあとがきも担当している後藤さんが、『教員はクリティカル・シンキングができない』とSNSで発信されていました。確かにクリティカル・シンキングはできないけど、批判することは得意だと後藤さんと話した記憶があります。特に新しいこと、変わることに対しては、その特質が見事に発揮されます。」

B「確かに何事にもクリティカルですが、そうならざるを得ません。なぜか次から次へとやることばかりが増え続けるのが学校現場です。しかも増えていく新しいことは、無意味なことが多すぎます。また、すでにある仕事で手一杯のところに新しいことを増やす際に、何かを減らさなければならないのに、増やすことばかり考えています。

これでは批判もしたくなる。単体でどんなに素晴らしい施策でも一杯一杯のところに詰め込んだら、学校というトータルのシステムの中ではマイナスの影響でしかなくなります。どこかに無理がかかるので、結果として質か量か個人かが犠牲にならざるを得なくなります。文科省も教委も同じです。」

A「教員は足し算は知っているが、引き算は知らない、と言われるゆえんですね。」

○教員室のシニシズムと向き合う

A「どんどんそうやって、やることばかりが積み重なっていって疲弊する教員が多すぎます。その蓄積が現場をどんどん息苦しくしているのではないでしょうか。」

B「うまくいっていない学校は教員室や会議の様子にも現れてきます。生徒達の様子にも現れてきますね。元気がない、挨拶をしない、不登校が増える、など。」

A「その大きな理由のもう一つが、教員たちを覆う『シニシズム』ではないでしょうか。聞きなれない言葉だと思いますが、シニシズムとは、他の同僚や組織に対してシニカル（皮肉っぽい、嘲笑的、冷笑的）な態度を取ることです。

教員室に蔓延すると、教員は徒労感、倦怠感が増し、自己効力感が下がっていきます。」

B「なるほど。徒労感、倦怠感は多忙だけが原因ではないという気はしていましたが。」

A「ですから、探究をやるやらない以前に、そのシニシズムを何とかしないと、新しいこともできません。」

B「シニシズムにあふれた教員室を見慣れているので、それがなくなるとどうなるか、今一つイメージがつかめませんが。」

A「何かやって失敗されると攻撃・非難される、そしてまたその先に失敗者のレッテルを貼られ続けるという心配が先に立ちますから、そういう状況だと、新しいことをやろう、挑戦しよう、自分を変革させよう、という気が起こらなくなります。
教員同士の雑談を始め、情報交換、相談も少なくなりますから、風通しは悪いです。」

B「当然、そんな中で働くのは気が重いですし、ミスや失敗なども、それを指摘できる雰囲気でなければ、隠蔽体質になりがちですね。」

○なぜ心理的安全性が必要なのか？

B「探究はこれまでになかった科目ですし、明確に内容も学習指導要領で指示されているわけではありません。したがってかなり新しい試みが必要だと思うのですが、そういうシニシズムに満ちた職場では、満足な授業もできませんよね。」

A「そうですね。ですから心理的安全性が必要なのです。聞きなれない言葉なので、少し解説をします。

高い成果を生み出すチーム（企業）はどういうものかを分析した研究がありました。『リーダーに強いカリスマ性があるのか？』『チームのメンバーは職場外でも親しいといいのか？』『同じ趣味のメンバーがいいのか？』『外向的なメンバーがいいのか？　内向的なメンバーがいいのか？』などさまざまな要因を検討したそうです。しかし、チーム編成の要因と成果はほとんど関係なかったと言います。

心理的安全性が高い教員組織	心理的安全性が低い教員組織	ぬるい教員組織
意見交換が自由に行える／活発に行われている	意見交換が少ない	意見交換が少ない
意見の対立がある（対立を恐れないから）	対立が目立つ	対立が少ない（対立を恐れているから）
変革（イノベーション）が起こりやすい	緊張感がある／現状維持	緊張感がない／現状維持
リスクも効果も同時に考える	万が一のことばかり考えて動かない／他人のリスクは鋭く指摘	楽することばかり考えて動かない
教員としての成長への意識が高い	教員としての成長への意識が低い	教員としての成長への意識が低い
失敗を恐れず、失敗から学ぼうとする	失敗を恐れて動かない	失敗を恐れて動かない
生徒のことが中心	自分のことが中心	自分のことが中心
改革が起こりやすい	刺激も緊張感もありすぎるが、現状維持	刺激や緊張感がない、現状維持
率直に意見する	非難、陰口	空気を読む、察する
雑談が多い／かくれんぼう（確認・連絡・報告）が多い	無駄話が少ない／かくれんぼうが少ない	雑談が多い／かくれんぼうがない

心理的安全性のある組織とぬるい組織

最も相関があったのは、チーム内の『心理的安全性』だったそうです。率直に意見が言い合えるのが『心理的安全性』です。」

B「確かに、心理的安全性の低いチームに成果が生み出せるとは思えませんね。いいものを作ろうと思ったら、お互いに率直に意見が言い合える必要は強く感じます。企業であっても学校であってもそれは変わらないでしょう。でも、『心理的安全性のある組織』は一歩間違えると『ぬるい組織』となりそうで怖いですね。

その違いは紙一重かもしれませんので、お話を参考に、前ページのように違いを表にまとめてみました。『ぬるい組織』にはなりたくないですから。」

A「私は、心理的安全性を確保するために何が必要か、以下のようにまとめてみました。」

【教員同士ができること】

①オープンなコミュニケーション：率直かつ相手をリスペクトしたコミュニケーションをまずこれを読んでいるあなた自身が行いましょう。自身が意見や懸念を自由に述べるだけでなく、他の教員の発言を傾聴する姿勢を持つことが重要です。

②共感とサポート：同僚の感情やストレスに共感し、抱えている課題にサポートの手を差し伸べることは心理的安全性のカギです。聞き手になることや、相手の立場や感情を理

解しようとする姿勢が大切です。

③フィードバック文化：ポジティブなフィードバックを提供し、照れずに受け入れる文化を作る第一歩を。他の教員の成長を支援し、一緒に学び合う空気を作り出しましょう。

④共通の目標と価値観：教科、分掌、学年などで教員同士が共有する目標と価値観を確立しましょう。具体的な目標はよく共有されますが、抽象性のある目標や価値観が協力しやすさや一体感を生みます。

⑤問題解決と協力：問題が発生した際には、一人で抱えこまずお互いに協力して解決策を見つける努力をしましょう。「お願い！」「助けて！」、まずあなたが声を発しましょう。

【管理職ができること】

①心理的安全性を強調：あなたが管理職なら、折にふれ心理的安全性の重要性を強調し、そのための環境を整える役割を果たしましょう。（例）否定しない、結果を注意するのではなく間違ったプロセスを注意する。

②信頼と透明性：教員は管理職に対して信頼を持つ必要があります。ただ、信頼されるかどうかは管理職次第です。信頼関係を築くための基本は透明性です。学校現場は情報を隠しがちですが、ネガティブな情報も含めて、公平かつ適切に共有し、意思決定プロセ

スを説明しましょう。（例）具体的な指示は命令と受け取られがちで信頼が失われるので、相手に答えを見つけさせる疑問形で問いかける。

③フィードバックと評価：教員のフィードバック（FB）を歓迎し、評価プロセスを透明かつ公正に実施しましょう。FBが必要なのは生徒だけではありません。FBを通じて成長の機会を提供し、評価が不偏かつ適正に行われることを保証しましょう。

④リーダーシップのモデル：管理職はよいリーダーシップのモデルとなるべきです。オープンなコミュニケーションや協力と協調を示すことが重要です。

⑤ストレス管理とワークライフバランス：教員のストレス管理とワークライフバランスを念頭に置いた施策を提供しましょう。心身ともに健康で満足度の高い職場環境の構築を促進しましょう。

⑥多様性：教職員の多様性を尊重し、公平な扱いを推進するための方針を策定し、実施しましょう。組織内での多様な声や視点を受け入れましょう。

⑦教育とトレーニング：管理職は教員のスキル向上と発展を支援し、やらされ感のある研修ではなく、専門的なトレーニングとリソースを提供する役割を果たしましょう。

⑧協力：心理的安全性の高い教員組織を築くためには、教員同士も管理職も協力し、オープンで支え合う文化を促進することが重要です。このような環境により、教員はより満

料金受取人払郵便

本郷局承認

5896

差出有効期間
2025年2月28日
まで

郵便はがき

113-8790

東京都文京区湯島2-1-1

大修館書店 販売部 行

■ご住所

都道府県		市区郡

■年齢

歳

■性別

男

女

■ご職業（数字に○を付けてください）

1 会社員　2 公務員　3 自営業

4 小学校教員　5 中学校教員　6 高校教員　7 大学教員

8 その他の教員（　　　　　　　　）

9 小学生･中学生　10 高校生　11 大学生　12 大学院生

13 その他（　　　　　　　　）

29115 信じることから始まる探究活動のすすめ

愛読者カード

＊本書をお買い上げいただきまして誠にありがとうございました。

(1) 本書をお求めになった動機は何ですか?

① 書店で見て（店名：　　　　　　　　　　）

② 新聞広告を見て（紙名：　　　　　　　　　　）

③ 雑誌広告を見て（誌名：　　　　　　　　　　）

④ 雑誌･新聞の記事を見て　　⑤ 知人にすすめられて

⑥ その他 (　　　　　　　　　　)

(2) 本書をお読みになった感想をお書きください。

［　　　　　　　　　　］

(3) 当社にご要望などがありましたらご自由にお書きください。

［　　　　　　　　　　］

◎ ご記入いただいた感想等は、匿名で書籍のPR等に使用させていただくことがございます。

足度の高い職場で成果を上げ、生徒にもよい影響を与えることができます。

〈二・二　知識技能との二項対立を超えて〉

○変わる入試形態

A「どの学校でも、必ずと言っていいほど『探究で一般的な教科の学力が伸びますか？』という質問が出てきますが、どうでしょうか。」

B「まず、その質問をするのは保護者か教員なわけで、探究的な活動と一般的な学習を対立するものと考えているという誤解がありますね。その誤解については後に話すとして、その質問者は、一般入試にとらわれすぎていますよね。いったいどれだけの生徒が、今一般入試をメインで考えているのか、わかっていないと思います。」

A「実際に次ページのグラフを見れば、ここ何年かで急激に非一般入試の割合が増えていることがわかりますよね。さらに言えば、一般入試が主力なのは、いわゆる難関大学が中心です。大学数で言えばほとんどの大学は非一般入試が中心になっています。」

B「結局、大半の高校ではその難関大学合格は主たる目標ではないので、実は保護者自身もそれがよくわかっているはずです。わかっていないのは、入試形態がシフトしている現実です。気が付いている保護者は、何とか年内入試（非一般入試はほぼ二学期に行われる）で早めに安心したいと考えています。生徒もまた同様です。」

A「年内入試、特に総合型選抜では就活で言う『ガクチカ』（学生時代に力を入れたこと）が重要になってきますから、探究の時間は大学進学という視点でも重要になってくるわけですね。

そこで邪魔になってくるのが、自分の受験期を参考に一般受験を考えている保護者と教員となるわけです。逆に意識を変えて総合型選抜に舵を切れば、今まで合格者がほとんど出なかったような難関大学に合格する可能性も出てくるのですが。

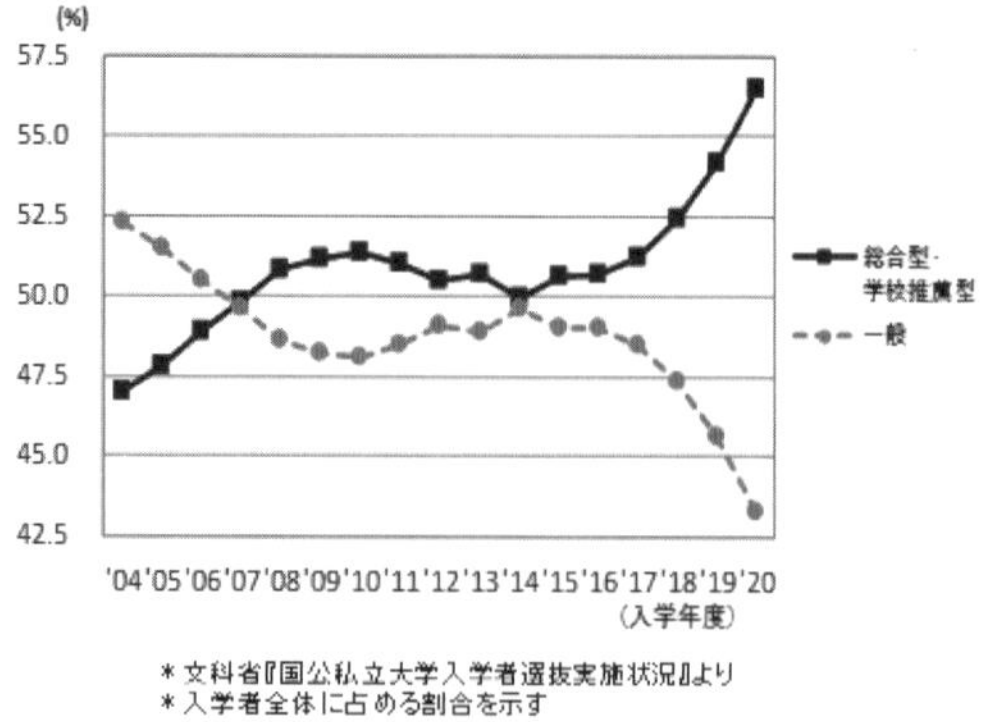

＊文科省『国公私立大学入学者選抜実施状況』より
＊入学者全体に占める割合を示す

私立大学・入試方式別入学者数比率の推移

「ベネッセ入試結果調査③総合型選抜の志願者数は国公立、私立とも増加」（https://between.shinken-ad.co.jp/hu/2021/07/nyushikekka3.html）より

左に二つの大学の例を示しましたが、いずれも大学で講義を受けてから課題に取り組

むという選抜方法です。東京女子大学は講義の要旨をまとめさせ、グループディスカッションと個人の面接。お茶の水女子大では『「のびしろ」（ポテンシャル）のある学生の選抜』としていますが、両大学ともに大学に入ってからその学生の成長の可能性（のびし

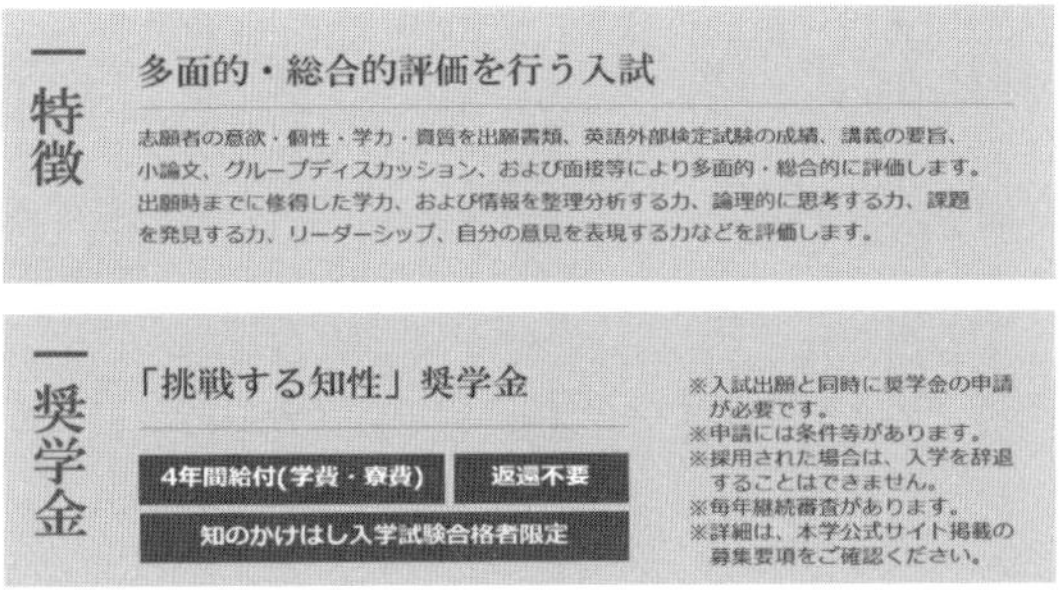

東京女子大学「知のかけはし入学試験」、文部科学省「令和４年度大学入学者選抜における好事例集」（https://www.mext.go.jp/content/20230525-mxt_daigakuc02-000005144_001.pdf）、pp.24より

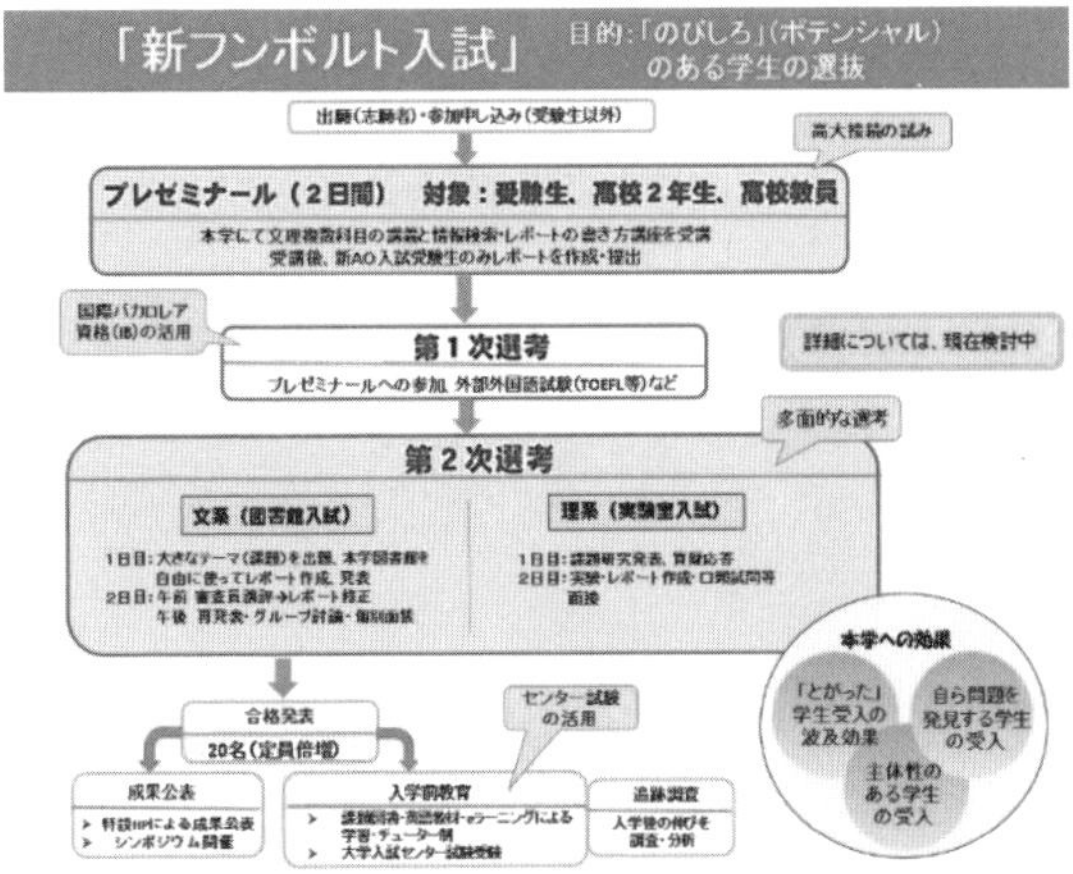

お茶の水女子大学「図書館入試」実施に向けたプレゼミナール、カレントアウェアネス・ポータル（https://current.ndl.go.jp/e1717）より

ろ）を基準にしています。これまでの、どれだけ覚えたかの記憶の量を競う入試とは明らかに異なっています。」

B「『探究で一般的な教科の学力が伸びますか?』の一般的な教科の学力という言葉はほぼ一般受験の学力と同義で使われているのでしょうが、実際に今取り上げたような状況をどれだけ理解しているか。」

○探究を通じて伸びる教科の学力

B「『探究といっても基礎学力がないとできないのではないか?』という質問もよくありますが、探究をやっている教員は言われるまでもなく、その質問者よりはそのことを強く感じていますよね。」

A「実際に自分たちがやっているわけですから、痛感はしているわけで。だから探究を意識して日頃の教科学習を進めている教員も少なくないんじゃないでしょうか。教科学習と日常の関連付けとか、転移（学習した知識・思考法・概念が別の場面でも応用されること）を意識するとか。

先ほどの『探究で一般的な教科の学力が伸びますか?』に戻りますが、実際にはどう感じていますか。単純な話ではないと思いますが。」

B「探究に取り組むと生徒のいろんな面を見ることができます。ですから、この生徒はここで頑張れるんだっていうのを見つけて伸ばしてあげるのがいいと思います。」

A「総合型選抜向き、一般受験向き、学校推薦型選抜向き、という特性もわかりますね。」

B「それもありますし、教科とは違って、思わぬところで褒められるのも、生徒たちのやる気向上につながります。それによって教科の学習を頑張ることもできます。」

A「あまり教科に興味がなくても、探究を通じてある教科に興味を持ったり、褒められる喜びを知ったりして、また教科学習でも頑張ろうかな、みたいな感じですか。」

B「日常、教科の学習がうまくできない生徒は、一つの解き方・考え方がうまくいかなくても、そのいったん覚えたやり方をずっと続けるしかなくて、結果として成果が出ないのです。でも探究は様々なやり方を試みる手法を学ぶことでもあるので、その試行錯誤の経験が活かせれば、教科学習でも成果につながります。」

A「学習法にも同じことが言えますね。」

B「同じ失敗を繰り返したり成績が上がらなかったりする生徒は、結局毎回毎回同じ勉強の仕方をしていることが多い。例えば、もう一回きれいにノートにまとめ直して、それで勉強した気になってしまう生徒。それを変えるのは、試行錯誤の経験です。」

○生徒もマインドチェンジが必要

A「そのためには、成績（評定）を付けるから勉強するっていうところから抜け出す、それが重要ですよね。」

B「そうですね。教員にも生徒にもそのマインドチェンジが必要だと思います。」

A「教員については次の項で話すとして、生徒について考えてみたいと思います。小学校や中学校、また塾で、成績なり偏差値なりが上がるから、あるいは上げるために勉強してきたわけで、急激にそれを変えるのは難しいですよね。」

B「特に、受験偏差値が高くない高校ではそのマインドに加えて、どうせやっても仕方がない、みたいに自己効力感が低いと一層難しくなります。」

A「探究で自分なりに何か成果が出たり、教員やクラスメイトから評価されていたりすることが、マインドチェンジのきっかけになります。基本的には、広い意味での見返りなしには人間は勉強をしませんよね。評価ということだけではなく知的好奇心の充足という意味も含めて、見返りが必要です。ただ実際に普通の教科学習では、生徒に知的好奇心の充足という見返りはほとんど得られません。」

B「特定の自分の超好きな科目くらいですよね。」

A「探究をやっていく中で、褒められてこなかった人が褒められて、何回も自分なりの成

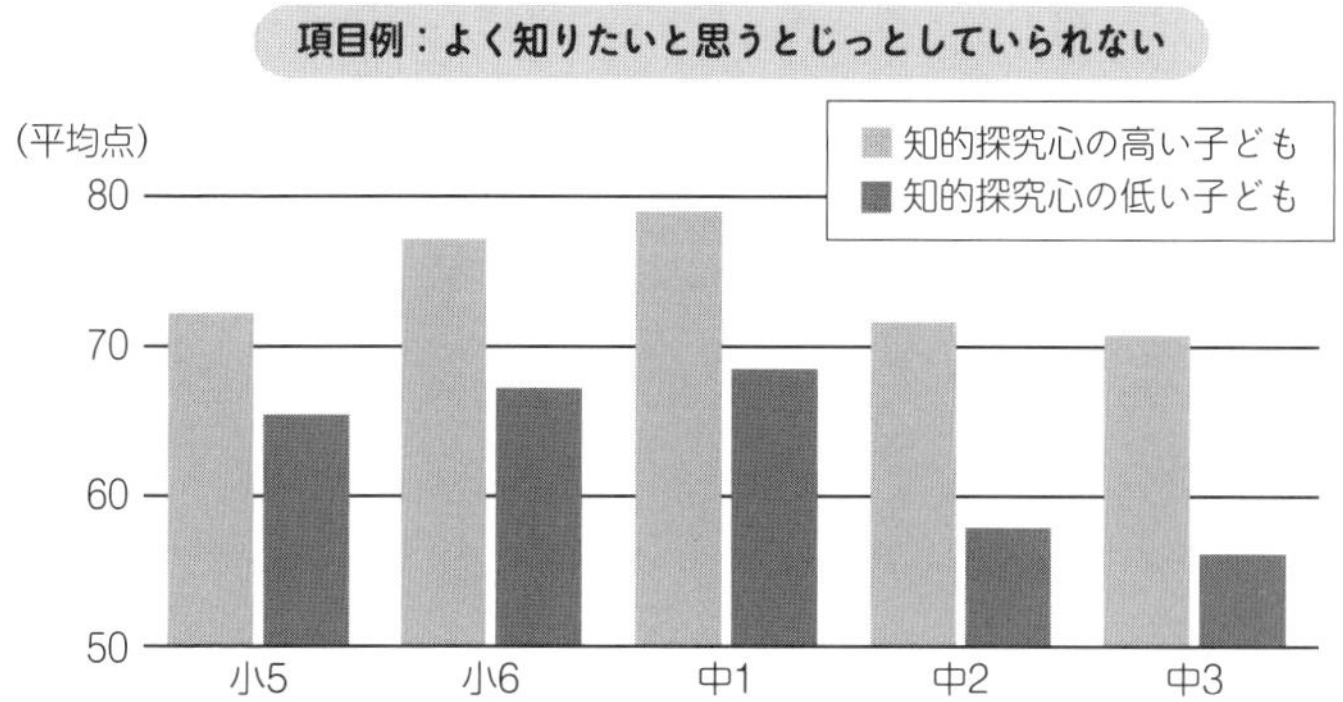

知的探究心と学力の関係

東北大学加齢医学研究所・仙台市教育委員会「学習意欲の科学的研究に関するプロジェクト リーフレット集 （平成22～30年度）」(https://www.sendai-c.ed.jp/~tooricho/pdf/gakushuiyoku.pdf)、pp.14をもとに作成

果が出せた、という一種の成功体験が自己効力感となり、それが内発的動機付けにつながると思います。」

B「先生に聞いても、わからなかったことやわからなそうなことが、自分が調べてわかったという、ちょっとした優越感みたいなものも大きいんじゃないでしょうか。そこで知的探究心とか好奇心といったものが気持ちいいということが体感されるわけです。」

A「冒頭の話に関連しますが、そういったことは実は教科の学力につながります。よい探究を実践されている教員は経験的に気付いているでしょうが、大規模な調査でもそれが裏付けられています。

今確かに探究をやることで教科の学

力も上がるということを、複数の角度からお伝えしました。ここで言っておきたいのは、教科の学力を上げるために探究をやればいいという理解をされては本末転倒になってしまうということです。

探究学習と教科学習を対立する概念としてとらえるのではなく、生徒の未来のことを考えた学習とはどうあるべきかという、教員のマインドチェンジが必要だということです。」

二・三 教員のマインドチェンジ

○どこを変える必要があるか

A「さて、そのマインドチェンジを実現するには、課題山積だと思います。まずどこから手を付ければいいでしょうね。」

B「マインドチェンジしなくてはならないことは、あまりに多すぎます。探究の授業を考えるとまず、教えることから離れることじゃないでしょうか。教えることから離れるには、まず、学習活動の中で教員が『できない・知らない』ことがあることを認めることが重要です。できること、知っていることの中に閉じこもっている限り、教員生来の

『教えたがり』から離れられないですから。」

A「それから、『失敗を怖がらない』ことも必要じゃないですか。失敗しないためには、知っていることと、できることの中に閉じこもってしまいますから。この項ではその二点について考えてみましょうか。」

○「できない・知らない」を認める

A「小学校の教員と、中学校・高校の教員の最大の違いは免許制度です。小学校は基本的に全教科に対応しますが、中高のそれは教科別に免許が存在します。社会科に至っては地歴（地理と歴史）、公民（公共や倫理、政治・経済）と別の免許です。だから中高の教員は、その教科の専門家であると自任しているわけです。」

B「メリットであると同時にデメリットになりますね。専門家なので『できない・知らない』は言えません。だから探究を恐れているとも言えるかもしれません。生徒の興味関心がどこまで広がるかわかりませんから、広がっていって自分の知らないことに授業内で触れられたくないですから。」

A「教員が『知らないことを作りたくない』と考えてしまうと、さらに別の副反応が起きてしまうのではないでしょうか。それは今以上に知識を増やさなくなること、つまり教員自身が学習しなくなってしまうということです。なぜかというと、学習していくと、さらにわからないことが増えるからです。

社会科で例を出しましょう。鎌倉時代のはじまりが一一九二年から一一八五年へと教科書が修正されたことは、社会科以外の先生方もご存知でしょう。それでも、勉強しない教員ならば、自分の知識も生徒に配るプリントも、数字だけ直せば対応完了です。ここでその修正がなぜかと考え始めれば、そもそも幕府とは何か？　みたいな話になるかもしれません。幕府の定義を明確に答えられる先生、どのくらいいるでしょうか？　ちなみに、素人的には、源頼朝が征夷大将軍に任命された一一九二年で問題ないのではと考えてしまいますが。」

B「この先はボロが出るから話題を戻しましょう（笑）」

◎教えたがり病からの脱却

A「『できない・知らない』を言わないもう一つの理由に、知っていることだけひたすらマシンガントークする授業ってある意味で楽ができるから続けている人が多いのだと思います。

諸事情で他教科の代講に立ったことが何回かありますが、やっぱりしゃべり倒しますね。自信がないですから。」

B「先ほども教科免許制の話をされていましたが、専門家のつもりですから、ついその知識を生徒に披露したくなってしまうわけです。でも長年教員をやっていると、興味がなければ話をちゃんと聞いていないことに気が付いているとは思うのですが。今、自信がないからしゃべり倒すと言われましたが、まさにそこで、自信があるんだから、何から何まで教え込まずに自分で気付くよう、興味を持つように仕向ければいい。

　例えば生徒から質問があっても、場合によってはすぐに答えを出さずに、『次の授業まで調べてきて』と言う。いい答えを見つけてくれれば、『いいところに気付いたね』って認めてあげればいいし、ちゃんと調べられてなかったら『こういうことを考えて調べてみたらどう？』って足場掛けをしてあげれば、生徒も自分で調べられるでしょう。教えるようで教えない、この足場掛けの妙が教育の専門家たる実力を見せる場ではないでしょうか。」

A「教員のほとんどは、生徒から何か聞かれたらすぐに正解を答えます。当然知っていれば、すぐに答えてしまうわけですが、教えてもらった話というのは、知識としてあまり定着していないということは、皆さんも経験されているはずです。

　次ページのラーニングピラミッドを見ると、講義つまり聞いただけの話は、一番定着

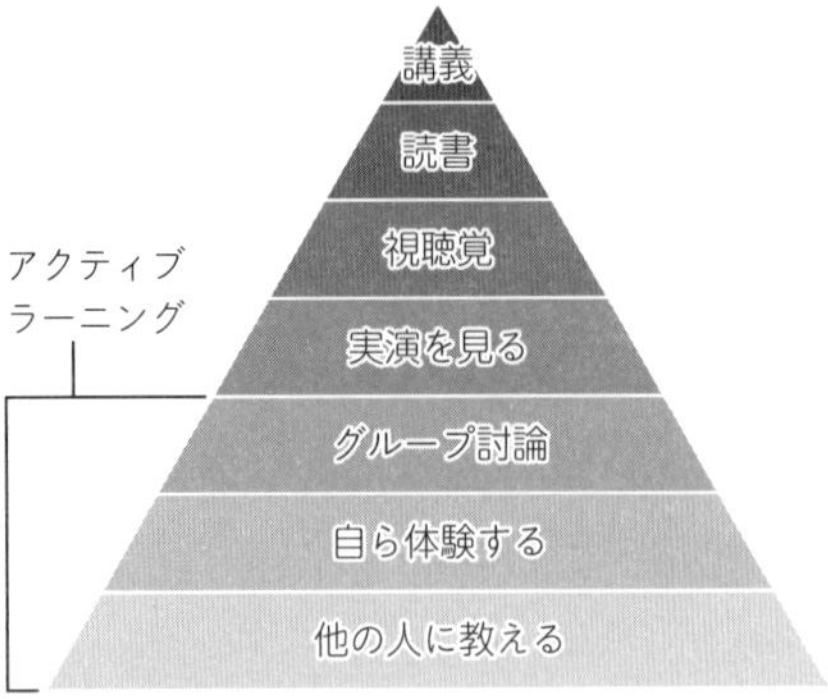

ラーニングピラミッド

名古屋商科大学「アクティブラーニングの効果」（https://www.nucba.ac.jp/active-learning/entry-17091.html）をもとに作成

しない。調べさせて、説明させるのが最も定着率が高くなるわけです。

　だから、今言われた足場掛けの妙と、生徒にすぐ答えを与えて教えるのはよくないとぐっと教えたくなる気持ちを我慢できるかどうか、これがこれからの時代の教員の力量としては重要になってきます。」

○失敗を怖がらない

B「通常スタイルの授業と探究授業の大きな違いは、失敗が許容されたり、失敗もまた貴重な体験となったりすることでしょうか。

　実は、教科の授業でも失敗は重要だと考えています。例えば小学校の理科実験でも、薬品の溶け残りが出るか出ないかを確かめるには当然のように失敗と成功が実験中に起こるようにするわけです。うまくいく場合だけ実験させても何にもならない。うまくいかない場合も含めて何例かやらせて、なぜここで溶け残ったのかを考えるきっかけを作らないと、実験する意味がないんです。」

A「『失敗』を別の角度で考えると、試行錯誤という側面があります。理科はもちろん、国語や英語の表現も同じです。失敗を極度に恐れている生徒は、英語でも日本語でも文章を書く時や、発言する際に躊躇してしまいます。少なくないですよね、そういう生徒は。試行錯誤しながらコミュニケーションを取ったり、文章のブラッシュアップをしたりしていくわけですが、失敗を恐れると一向に進まない。」

B「さすがに英語と国語の教員はそこまで恐れてはいないでしょうが、英語のネイティブ教員とコミュニケーションを取りたがらない教員もその一種だと言えます。

　でも基本的には教員という人たちは失敗が嫌いです。教員のほとんどは社会人経験がなかったりあっても採用までの短期間のつなぎだったりで、企業などで、営業でも開発でもそこで体験する試行錯誤の経験がなく、失敗が許されない学校社会に飛び込んでしまったのです。先ほどから免許制度の話をしてきましたが、教科のことは十二分に知っているという自負があるし、いざとなれば教科には先輩がいるから、教えてもらえます。だから、自分で何か失敗しながら試行錯誤したっていう経験がある人の方が少ない気がします。」

A「企業は、失敗にはよい失敗と悪い失敗があり、よい失敗は歓迎と思っています。新しい企画や、新規事業では『千三つ』という表現が使われる場合もあります。千の新しいアイデアを思いついても、実際にうまくいくのはそのうち三つあればいい方、という考え方です。そういう中で生き残ってきた人は、失敗上等！　という気持ちを胸に抱いているでしょう。

ですが、失敗上等！　はいいけれども、それを許される環境じゃなければ、誰も失敗したくないし、誰も挑戦しない。心理的安全性がないわけです。自分や同僚が失敗して責められた記憶を誰もが持っていますから。」

B「確かに、学校ではそうはいきません。イノベーティブな企業は、会社がそういうムードを作っています。東京女子学園では理事長も校長も何度も失敗は次へのエネルギーになる、という発言を校内に繰り返していましたが、なかなか浸透しませんでしたね。」

A「せっかく良いメッセージだったのに残念です。上の方の問題もありますが、横（教員室内）の目も気になります。でも、そこも含めて失敗への環境整備ができれば、意識も変わると思います。管理職・経営陣の理解はもとより、それを教員室に定着させて横の足を引っ張るような関係も発生しないようにする。これも管理職の意識にかかっています。日常のちょっとした言動や対応、その積み重ねということです。」

二・四　マインドチェンジできる組織作り

ポジション・校務分掌の重要性

A「探究も教育課程上、高校では一応『総合的な探究の時間』として独立しています。独立してあるから、英語科、体育科があるように、探究科として主任も置いて、科目を校務分掌として組織化すべきです。」

B「公式に会議する時間や準備する時間がはっきりもらえる校務分掌といったシステムがないと、『どうせ何か暇な先生たちが集まって勝手にやってるんでしょ』といった感じになってしまい、会議や準備も結局放課後に作業せざるをえなくなって残業が増えるだけ。探究をしっかりやりたい学校は組織を明確にすべきです。」

A「公式には探究はまだ始まったばかり。これから進めていこうとする学校は、担当者ありきとか、コンテンツありきとかではなくて、組織作りから考える必要があります。

組織だと人事が重要になってきますが、人事について意見はありますか？」

B「バランスでしょうか。新しいことで面倒そうだからと若い教員に押し付けるような学校もありますが、担当する教員の年齢、性別、教科などのバランスが偏らないように考えるべきです。

若手とベテラン、双方相手方のほうが頭が堅いと思っていることが多いですから、バランスよく配置してもらえると年齢とかキャリアって関係ないことがわかるかもしれません。必ずしも仲良しだけではない方がいいこともあります。建設的な批判はあった方がいいので、何でもＯＫ！　となるような関係性だけじゃないメンバーがいいかな。バランスがチームを建設的にしていくと思います。」

○即断即決できる権限を

B「それから、必要なのは適切な権限です。探究科のような分掌を作ったら、そこに権限も適切に委譲することです。自分でも連携を経験しましたが、地域や企業など外部と連携して行う学校にとって分掌が持てる権限が重要です。それが成否の鍵を握っていると言っても過言ではないと思います。」

A「その場合、即断即決できる環境にあるかというのもかなり重要です。例えば企業連携の授業の場合、企業も連携することで儲かるわけではないので、担当者の気持ちというか気合いが大事な側面があります。たとえＣＳＲ（企業活動において、社会的公正や環境などへの配慮を組み込み、従業員、投資家、地域社会などの利害関係者に対して責任ある行動をとるとともに、説明責任を果たしていくことを求める考え方——以上厚生労働省ホームページより）の担当者であっても、必ずしもその企業連携案件を実現する必要もないですし、やるなら手間がかからない案件のほうが楽なはずです。企業として利益が出るわけでもないですよね。

その交渉現場で、『それでは持ち帰って検討して返事します』と即答せず、校内の会議が通ったらお願いします、ではなかなかうまくいかないでしょうね。」

B「実際に色々な企業と連携しましたが、現場の打ち合わせでどんどん内容が変わっていきました。生徒にプラスになるように、その場のノリで進めていく。その一番の恩恵は生徒が受けるのですが、企業の人にとってもプラスになるように考えて変えたわけです。

東京女子学園では校舎の改築に伴って、一連の工事の過程の中で生徒がそのプロセスに参加する授業をやりましたが、状況に合わせてかなり貴重な体験ができました。持ち帰って会議にかけていたのでは、ほとんどが実現できなかったと思います。」

○心理的安全性が持てる組織とは

A「組織作りで欠かせないのは、対話できるようになるための、先ほどもお話しした心理的安全性の確保ですね。」

B「まず、学校って会議が下手です。他校でも先生方のグチが多くて、会議が会議じゃない学校って多いです。会議の仕方なんて大学の教職課程の授業ではやりませんし教職教養の試験問題にも出ませんが、勘と経験と失敗の中で会議の仕方、議論の仕方は学んで欲しい。」

A「会議・議論ができる教員でないと、探究はうまくいかないでしょうね。自分ができないことは、生徒たちもできるようにはなりません。教員全体にそれを求めても無理でしょうから、せめて探究の部署のメンバーだけでも会議と議論ができるようにしたいものです。

そこでまた心理的安全性に話を戻しましょう。

会議や対話のやり方、方法論については、各自勉強するしかないと思いますが、心理的安全性のない組織ではその勉強の成果も生かせません。」

B「先ほどの表（三七ページ）で重要性は理解できましたが、具体的にどうすれば心理的安全性が確保できるでしょうか。学校では無理なのではないかとしか思えません。批判はしても賞賛はしないみたいな教員が多いですから。」

A「確かに難しいですね（笑）

これればかりは、人間関係の中で醸成されるものですから、上からの命令とか、研修会をやればとか、即効性のある手立てはありません。基本的にはその人間関係を解きほぐしていくことです。」

B「解きほぐすのも、そう簡単ではないと思いますが。」

A「基本的には、ほとんどの人が持っている承認欲求と自己実現欲求を、解きほぐす糸口にします。」

B「確かに、一般の人に限らず生徒にも教員にも承認欲求と自己実現欲求があります。生徒との関係においては、教員であれば当然こうした欲求のことを考えているでしょうから、難しいことではないかもしれませんね。」

A「お互いに承認欲求を満たす・満たされる関係があって、多少なりとも自己実現が可能な状況であれば自ずから心理的安全性が芽生えていきます。

承認欲求については、まず生徒に対応するのと同様に、同僚をきちんと評価することです。先ほど『批判はしても賞賛はしないみたいな教員が多い』と言われていましたが、まさにそこです。評価すべき行動があったら、まず自分がそれを素直に口に出すことです。」

B「本書を手に取られた先生方は、おそらく探究の授業の向上・改善を目指されていることだと思います。まずその本人が勇気を出して一歩を踏み出してほしいですね。」

A「他の教員の行動や、成果に対してポジティブな面をちゃんと評価しそれを言葉にして表してあげることです。生徒も同じですが、それが承認欲求も満たす一つの方法です。

また、特に探究に関して考えれば、①挑戦できたこと、②オリジナリティが発揮できたこと、③うまく他の人と連携できたこと、これらを評価することです。通常の教育活動では、決められたことを誰かができればそれでよかったわけですが、探究は①②③の点も評価されるべきです。」

B「確かに、探究の時間に、教員が思い切ってやったことのないスタイルの授業に挑戦したとか、かなり独自性の高い内容だったとか、他教科の教員と教科横断型の授業が実施できたとか、こうした取り組みはポジティブな評価は得られにくいですね。

それぞれにネガティブな面から見た意見が出てきそうです。結果ではなく挑戦できたことが同僚から評価されれば新しいことに取り組もうという気も起きてきます。」

A「そこが心理的安全性です。それがなければ、誰も挑戦なんかしません。」

○全員変わる必要はない

A「こういう話をしていると、『教員って変われますか？ 無理じゃないですか？』と言われることが少なくありません。実際に皆というか大多数が変わるということは、まずありえませんね。」

B「研修会も『皆が変わりましょう』、みたいな空気感を出していますよね。教員って欠点に目が行きがちだから、皆が変わる必要があるという前提に立ってしまうと、当然皆は変わらないので、失敗した感じが残るだけです。ですから、変わらない人の方が圧倒的多数だと考えているくらいの方がいいと思います。そうすると数人変わるだけでも成果があったと考えられますから。」

A「そうですね。数人でいいと思います。ある程度以上に感覚が共有できる同僚が4人いれば、とりあえずの心理的安全性は確保されるんじゃないでしょうか。その集団が核になれば徐々に増えていくでしょうし。

多くの人が一斉に変わることはありえません。研修会で投網をかけるように変えていくのではなくて、研修会は研修会として情報共有の場として活用し、狙うべきは一本釣りじゃないでしょうか。会議室に集められて、『さあ！　変わろう！』と言われても…。それならば一本釣りで対話しながら理解を深めつつ、布教していく方が、経験的には急がば回れだと思います。」

B「それと、よく『教員は変わらない』みたいなことを指摘されますが、多くの業務が成功することより失敗しないことを求められていて、また、多少レベルが低くても安定した結果が求められています。それが学校の現状なので、そこをそのままにして『変わらない』と言われても、言われた教員が気の毒です。

社会は学校に、その安定と変革を同時に求めているわけですが、実際にそれは難しい注文です。」

○話しやすい環境

A「教員室の中で、対話・議論・雑談の機会が増えるのはいいことです。皆さんが率先してポジティブな評価の声がけができるようになったら、その機会が増えてくるはずです。それが心理的安全性が確保されているかどうかのバロメーターと言えます。

逆に、噂話、非難、ネガティブな意見が多い職場は、心理的安全性が確保されていない証だと思います。お互いに疑心暗鬼になっているからです。」

B「その意味では『雑談』も環境の良さを示す雑談と、悪さを示す雑談がありますね。雑談を聞いていると、どのような状況にあるか見えてきます。」

二・五　北風より太陽

○余裕の重要性

A「この項、『北風より太陽』ということで、前項の組織作りを含めた様々な改革や探究授業の充実を図るときに、北風を吹かせるように、上から方針を落として従ってもらうか、太陽ではないけれど自発的に変革するように仕向けるか、ということについて考えていきましょう。」

B「理想は太陽ですよね。やらされ感で授業されても、生徒がかわいそう。かといって太陽を照らして変革したくなるまで待つのも大変。いずれにしても必要なのは、余裕です。余裕があって、考えたるための空いた時間があれば、変革は不可能ではないでしょう。でも、ほとんどの教員は毎日追い詰められているので、新しいことには挑戦しにくい。」

A「単純に準備時間が必要といった問題だけではなく、教員の余裕のなさが生徒にも伝わります。教科の授業でも一杯一杯でやっているのは生徒にバレますから。特に探究ではじっくり考えたり、議論をしたり、試行錯誤をしたり、生徒に余裕がないと探究にはならない。そのために教員が余裕をもって取り組む必要があります。どうやってその余裕をひねり出すかですね。」

B「私も期末試験が終わって、成績を付けて、終業式が終わって、やっと多少はマンガを読める時間ができたことがつかの間の幸せですから。マンガを読み終えたら外部研修会や次の学期の準備が始まります」

A「確かに、教員は余裕がなさすぎます。私も企業に勤めていた頃はもっと勤務時間が長かったのですが、業界のことや社会や消費者の動向などをキャッチアップする余裕はありました。世間の方々は教員は昔と変わらない、と考えているでしょうが、キャッチアップしている余裕がないように見えます。Society5.0がどうの知識基盤社会がどうのと言っても、産業や経済が国内だけじゃなくて国際的にどう変革しているかなんてつかめる時間はありません。一日や二日ぽっかり休めても、自分もマンガを読んで終わりですよ。」

B「前項の組織論で重要なのは、そういう工夫の中で余裕を作っていけるようにすることですね。とにかく教員室は無駄が多くなりがちですから。」

○楽しそうにやって、ほかの教員の関心を集める

A「見た目が悪い食べ物があって、一人だとなかなか口にしなくても、おいしそうに食べ

る人がいると食べることが多くなるという心理学の実験もあるみたいです（木村敦、酒造正樹、武川直樹、佐々木寛紀、和田有史『対面コミュニケーションが新奇食物受容に及ぼす効果』信学技報、HCG2012-I-7-6、pp.350-355）。まさにめんどくさそうに見える探究も、おもしろそうにやっていれば、興味を持つ同僚も増えるはずです。」

B「他校の例でも、北風式、つまりある程度の強制性をもってやらせようとして、うまく進んだ話はほとんど聞きません。探究を主軸にしていくなどの方針はトップダウンで落としても、実際に進める場合は太陽式じゃないですが、教員が『楽しむ』ことを意識した改革の方が効果を生んでいると聞きます。

誰しもがやってみたい取り組みとか、前例のない取り組みをやろうとしてつぶされた経験はあるんじゃないですか。私も『総合的な学習の時間』に、実際に生徒が考案したコスメを作って販売する授業を考えていましたが、つぶされました。」

A「『関係しそうな教員から、その一種の『トラウマ』をうまく引き出して、それがリベンジできると思ってもらえれば、こちらを向いてくれますよね。あとは楽しそうにやることも重要です。実際には大変なことの方が多いですが（笑）

でも、絶対につらそうにしていてはダメですね。私としては楽しそうにするかどうかより、つらそうな雰囲気を出さないことの方が重要かと思います。楽しそうだから寄ってくる教員もいるでしょうが、校内で探究の改革が定着する前に、あまりにも楽しそうムード全開なのも何か別の勘繰りを生むような気もしますから、塩梅を考えないと。

それと、教員が楽しそうにやっていれば生徒にも伝わるから、まず教員が楽しんで、生徒も楽しそうにやる、その姿が校内に伝わればいい方向に向かっていくでしょう。」

B「本来の探究活動ってそれなりに楽しいはずですが、最近は総合型選抜の増加もあって、コンテスト入賞のプレッシャーがかけられている学校もあるようです。仏頂面して、今度の○×コンテスト入賞者が出ないと自分もまずい、という感じよりも、賞を取るよりも楽しくプレゼン資料を作ろう、くらいの方が本来の探究に近いですよね。」

A「生徒に期待しすぎないことでしょう。私たちはこれだけ準備したのだから、しっかり結果を残すだろうというように、期待しすぎないことです。当然ある種の期待はしなくてはいけない。この生徒たちは『できる』『やれる』と思わなければいけないですが、だからと言って、教員が自分が努力した分の見返りを生徒の成果に求めるようなことは望ましくないという気がします。」

二・六　ゆるふわでいいじゃん

◦「ゆる」「ふわ」がいい

A「よく他校の先生から、『どうやるといい探究の授業ができるんですか？』と聞かれます。東京女子学園のホームページや取材記事を見て気になっていたみたいです。」

B「何をもって『いい探究の授業』と言うのか、そのあたりから議論できる風土、またその感覚の共有がないと『いい探究の授業』にはならないですよね。実践しながら、議論の機会を持つことが必要です。もちろん心理的安全性がある程度確保されている前提ですが。」

A「ここでも心理的安全性ですね。探究に対するそれぞれの思いに違いが大きすぎますから。各教科での教育観を例に取ると、だいたい二つか三つに教育観は収斂されますので、そこまで違いが問題にはならないです。数学と英語は色々ありそうですが（笑）

いい探究の一つのあり方が『ゆるふわ』探究なのではないかと考えています。一応この項で、『ゆるふわ』探究についてお話ししますが、各自がよい探究を追求していくことが教員の探究活動だと思いますので、これを参考にしながら、各自が考えていただければ。」

○「ゆる」な探究とは

B「多くの教員には、何かをさせる以上は全員に同じ結果が出せるようにしようという理念がある気がします。教科を考えればわかると思いますが、一斉に同じことを教えて勉強させているのだから、全員できるようにしようという発想。例えば数学なら計算問題、英語なら英単語、国語なら漢字練習というように、これだけやったから全員小テストでは八〇点は超えないと、みたいな感じです。

もう集団内での相対評価の時代ではないから、その子がどこまで頑張ったかっていうのを評価すればいいだけであって、全員が同じゴールで同じ目標を達成しなければいけないという考え方から離れるべきでしょう。課題に取り組む場合でも時間内に完成させられる子も完成させられなかった子もいていい、と認識してもらうこと。」

A「意外に、年齢・キャリアに関わらず、全員並んでゴール主義から離れられない教員が多いですね。教員の想定かそれ以上の成果を一定の時間内に出すというのはやはり、大量生産時代の工場労働者育成のための教育から抜け出せていません。日本が世界の工場だった時代の後に生まれた人でもその意識は変わりませんね。

『ゆるい』というと悪いことのようにとらえられる恐れがありますが、ここでは『画一的な目標を設定しない』『結果でなくプロセスを評価する』探究型の授業を『ゆる』

な探究と呼びたいと思います。

それなりの内容ではあるものの、全部実力を出し切らず、この発表はこの程度でいいだろうと途中で力を抜いちゃった生徒と、精一杯自分の力を出し切ったにも関わらずあまりいい内容に仕上がらなかった生徒、これまでの感覚では、前者の方が評価がよくなります。でも実際に評価されるべきは後者です。プロセスを評価するとはそういうことだと思います。」

B「さらに『画一的な目標を設定しない』を言い換えると、『学習の目的すらも画一的にしない』となりますね。」

A「今流行の『個別最適化』ですか。文科省は『子供一人一人の特性や学習進度、学習到達度等に応じ、指導方法・教材や学習時間等の柔軟な提供・設定を行うこと』、『教師が子供一人一人に応じた学習活動や学習課題に取り組む機会を提供することで、子供自身が学習が最適となるよう調整』（以上、文部科学省「『令和の日本型学校教育』の構築を目指して（答申）」より）と説明していますが、そのような意味でしょうか。

ですから、同じ活動でも学習の目的が異なっていいと思います。例えば内閣府が主催する『地方創生☆政策アイデアコンテスト』に参加するとして、アイデアが思い付くだけで評価すべき生徒もいれば、完成度の高いプレゼン資料が作れることを期待する生徒もいますし、グループの話し合いに参加して意見が言えるだけでも十二分に成長したと言える生徒もいます。それぞれの目標なり成長なりがあってもいいはずです。」

B「その個別の目標設定と、状況の見取りが重要になります。それが、探究を担当する教員にとって重要な能力ですね。でも、そこでまたこうしなきゃとか、こうあるべき、みたいなことに縛られてしまうと、元も子もなくなってしまいます。」

A「そのあたりの部分については次章で改めて説明したいと思います。」

○「ふわ」な探究とは

B「これまでずいぶん『ふわ』な探究をやってきましたよね。その『ふわ』を一言でどう表せますか。」

A「『ふんわり』したファシリテーション、ということでしょうか。学習指導要領などで示されている探究のサイクルを示した図があります。あの図のポイントは、らせん上に学習が継続していくことにあります。それがこれまでの学習モデルとの大きな違いだと思います。どうやってあのらせんが自発的に回っていくようになるか、です。これまでの学習はサイクルが一周すればよかったですから。どうやって回るようになるかという質問を私もよく受けますが、『もやもや感』を残した授業にすることだと答えるようにしていまず。」

B「そうですね。そのもやもや感を出すのがファシリテーションの妙です。これまでの学習では最後に学習者にちゃんと腹落ちさせることが当然だったので、もやもや感を残す授業は、悪い授業だったはずです。」

A「『いい探究とは…』という先ほどの質問には、そのように答えていますが、この回答自体が腹落ちしてもらえない（笑）」

B「前述の『地方創生☆政策アイデアコンテスト』を例に取ってみましょう。生徒たちのアイデアくらいだと、私たち教員はそれに対する明確な回答、アドバイスは可能です。ですが、その『正解』を伝えてしまっては学習になりません。」

A「実際にビジネスとして事業化され

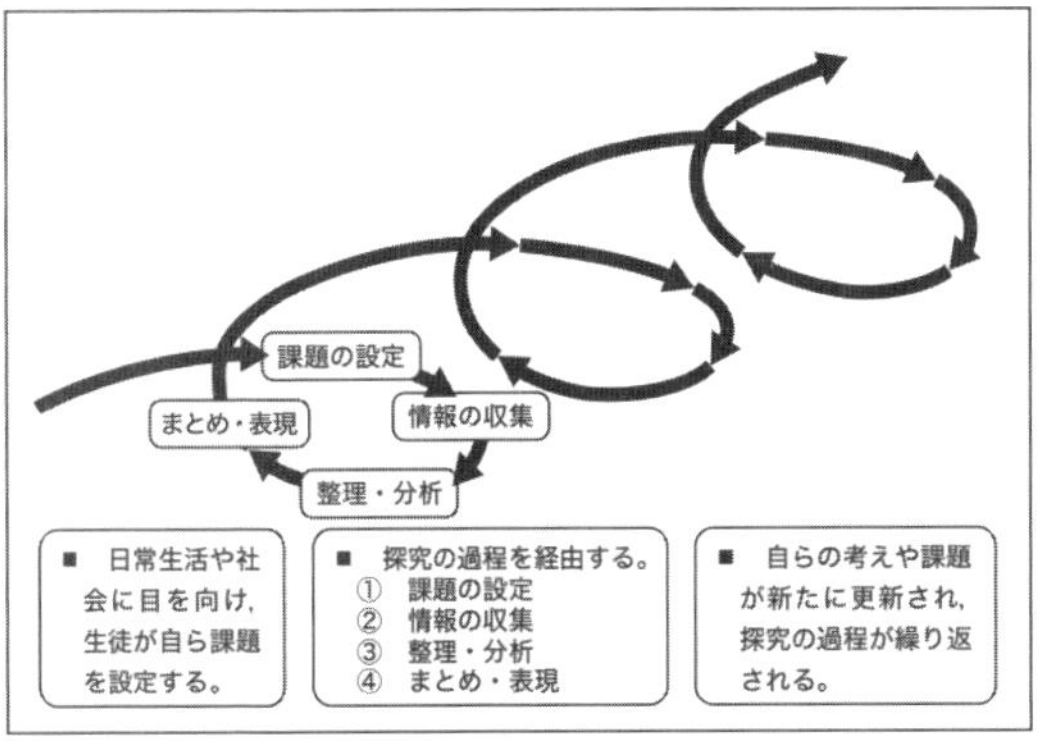

探究における生徒の学習の姿

文部科学省「【総合的な探究の時間編】高等学校学習指導要領（平成30年告示）解説」（https://www.mext.go.jp/component/a_menu/education/micro_detail/__icsFiles/afieldfile/2019/11/22/1407196_21_1_1_2.pdf）、pp.12より

て失敗している例もありますし、生徒が知らないだけでその業界では当たり前のアイデアになっていることもあります。でもそれを言ってしまってはいけないわけです。企業の新規事業開発室でもなければ、コンテスト受賞を目標に授業をやっているわけではないのですから。

基本的な考え方としては、自力解決のための伴走者であったり、考えるきっかけ作りをしたりするというのが、ファシリテーションのポイントの一つです。教え込んだり、ある方向に誘導したりすることは、基本的にはせっかくの探究の時間の価値を減らしてしまいます。」

B「ファシリテーションは難しいと言われますが、普段から授業を行っている教員にとっては、そんなに難しいことではないはずです。難しいのは、いわゆるファシリの技術みたいなテクニック論ではなく、黙っていられるか、はぐらかすことができるか、うまく『もやっと感が残せるか』だと思います。

まあ、だから探究は意地の悪い教員に向いている授業かもしれません（笑）」

A「これから探究に力を入れていきたい学校や、うまくいっていない学校にとって、研修の最優先の課題は、テクニックや知識ではなく、この章で言っているマインドチェンジでしょうね。本項の論点である探究授業の実施に関連して言うと、今言われた『もやっと感』を残すために、『黙っていられるか、はぐらかすことができるか』がカギですね。」

○評価にこだわらない

A「探究の評価については、ルーブリックを使った評価が流行していますね。」

B「学校によって3×3（三観点を三段階に評価するルーブリック）や4×4など、スタイルが違いますが、それなりに普及しています。実際にルーブリックを作るのも、それをもとに評価を付けるのも、結構大変ですよ。」

A「よく、5×5のルーブリックを目にしますが、作るのも付けるのも気が遠くなります。それに、そんなに細かくすることに意味があるとは個人的には思えません。」

B「結果としてのアウトプットだけを評価していては、プロセスを評価することはできませんよね。私はもっとプロセスを評価すべきだと思います。」

A「個人が、どのように向上してきたか、またその過程がどうであったか、そこがポイントだと思います。3×3ルーブリックを得点化したとして、当初9点満点中8点だった人が、学年最後のアウトプットも8点だった場合、評価は8点のままです。一方、最初は2点程度のものしか作れなくても、一年後には5点レベルになったら、こちらの生徒の方がよいプロセスを学習していたと見ることができます。本来ルーブリックは過程を見るために使うはずですが、現実にはプロセスより結果の段階的な評価として使われることの方が多い気がします。

だから、ルーブリックによる単純な評価は危険なのだと考えています。」

B「実際、生徒もクラスメートのアウトプットと見比べれば、自分のアウトプットがどの程度か、すぐにわかりますよね。あまり得点の高くない生徒に追い打ちをかけて低評価を付けても何も意味がありません。」

A「ですから、ポートフォリオとして成果物を残したり、振り返りを言語化させてそれを残したりして、それらを見返すことができたら、それで十分だと思います。指導要録には全員『よくがんばった』と記載すればいいのではないでしょうか。」

B「私も、端的に言うと『よくがんばった』という意味合いの評価を全員に付けるということでいいと思います。生徒を信頼しないと、どうしてもプロセスの見取りよりも、なんとなく客観性のありそうなルーブリックに流れてしまうのでしょう。経過をその都度きちんと見守ってフィードバックしていくことが大切であって、最終的な評価は『よくがんばった』がベストではないでしょうか。」

第三章 探究は百人百色

――東京女子学園の実践

唐澤博・
難波俊樹・
飯泉恵梨子

本章では探究の実践に関する様々な意見や実践例を展開していきます。実践のプラスになるＴｉｐｓ（ヒントやコツ）、探究に悩む方々への助言、「探究かくあるべし」的な意見に対するアンチテーゼなど、様々な意見を披露させていただきます。ご注意いただきたいのは、それぞれが唯一解のつもりで書いているのではないという点です。学校によっても、学年によっても、さらには担当する教員によっても、状況は異なってきます。本章の内容はそれぞれに、ある局面では正解かもしれませんが、別の局面ではあまりふさわしくないかもしれません（さすがに間違いとは言いませんが）。

詳しくは次の「ゆるふわ探究とは」で説明しますが、「ゆるふわ」とは究極の「個別最適化」を目指した探究に対する考え方の一例です。

私たち著者グループもできるだけ応用範囲が広くなるように努めて書いていますが、そのところをお含みおいて読んでいただけますよう。

三・一　ゆるふわ探究とは〈難波〉

前章の対談で、「ゆる」と「ふわ」をそれぞれ次のようなものだと説明しました。

「ゆる」は、①個別に進め方もゴールも違っていい、②アウトプットという結果ではなくプロセスを評価する、ということです。国立教育政策研究所の白水始さんはある講演で、二つの図を示して、これまでの授業スタイルである「後向き授業」に対して、これからは先生と子供が作る「『前向き』授業」が必要であると述べています。

後向き授業とは表現がネガティブではありますが、標準的な授業のあり方でこれまでは当然とされてきました。「ゆる」な探究授業は左の図でいう「『前向き』授業」のようなも

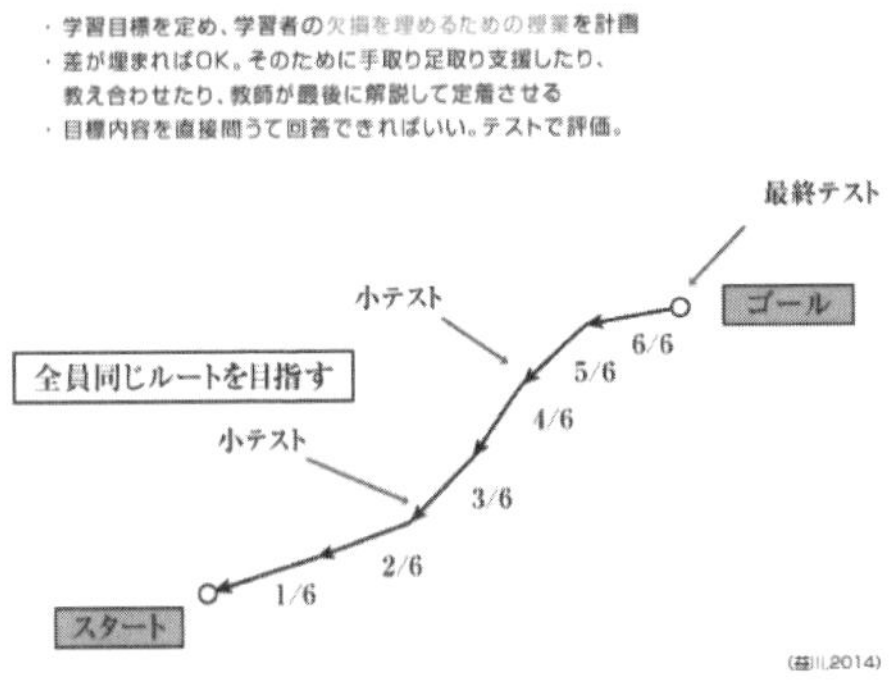

後向き授業

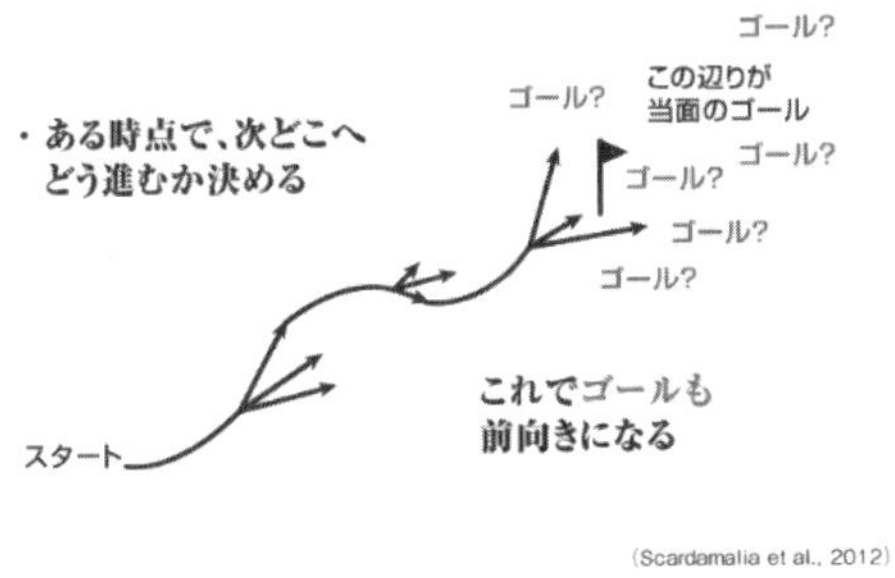

21世紀型「前向き」授業

以上2点、白水始「「問い」を見直し、「前向き」授業をつくる」、学校とICT（https://www.sky-school-ict.net/shidoyoryo/161007/）より

のです。さらに言えば、もっとベクトルすらバラバラでよくて、場合によっては、旗の反対方向に向かってもいいと思います。

そういった授業を行うために必要なのは、「①生徒を見取る力」「②見取りに対応するフィードバック」「③ゴール設定を動かす力」「④対話力」「⑤場を作る力」です。①は生徒の能力・感情・興味関心や今置かれている状況を把握すること。②は①に応じた的確なアドバイスを行うこと。③は個人内の伸びを意識して、中間目標・ゴールを個別に設定していくこと。④は生徒それぞれに気付かせるきっかけを与えること、場の心理的安全性を確保することです。ちょっとした発言、顔色で生徒は心理的安全性を感じられなくなるかもしれませんから、対話の進め方も重要です。⑤は、目的（意図）に沿った授業デザインとその進行のためのファシリテーションです。

さて、いかがですか。どのくらいできそうですか。私個人は、一〇〇点満点で恐らく三〇点くらいかと思います（本書の共著者の皆さんは私と一緒に授業をしたことがあるので、三〇点には達していないだろうと反論されるかもしれませんが）。でも、達成度三割の三〇点くらいできれば十分合格です。

次の「ふわ」は、もやもや感を残したファシリテーションということになるでしょうか。「ゆる」でのファシリテーションとはやや視点が異なります。「ゆる」を全体に対するファシリテーションだとすると、こちらは個別のファシリテーションとなります。きっかけを与える、はぐらかす、途中でやめる、指示は少なく、などが基本的な考え方です。テクニカルに難しいかというとそういう次元ではなく、我慢できるかどうかが最大のポイントです。ゆるふわ探究は、全国の私同様のチョーク&トーク授業に自信のない皆さん、私同様意地の悪い皆さんの活躍の場です。ぜひ頑張ってください。

本項の内容の多くは学習科学的に理にかなったものですが、演繹的にゆるふわ探究の方法論を導き出したのではなく、東京女子学園の探究に携わる先輩教員たちのやり方から帰納的に導き出されたものであることを付記しておきます。

三・二　探究を失敗させないために①〈飯泉〉

◎具体的な指示はできるだけ避ける

授業中の教員からの「指示」は、具体的かつ明確に、が大原則ですが、探究の授業では必ずしもこの原則は当てはまらないと思います。

探究の授業時間中の多くを、生徒たちは「正解の定まらない答え」を求めて個人やグループで課題に取り組みます。そんな中でしばしば生徒たちから質問が出てきます。多くの方は教員の性《さが》として、ついつい的確な対応をしてしまいがちだと思います。昔の授業はそれでよかったのでしょう。教科書の知識を正確に効率的に覚えさせることがよいとされていた時代は。

そういった教育観が変わり、探究のようなスタイルの授業となれば、当然のように生徒の質問への対応も変える必要があります。生徒には、好奇心・探究心を発揮させ、正解は一つではなく、様々な答えの中から納得解を求めさせるわけです。教員と生徒の関係性も、指導という言葉が示していたような指し導く関係性から新たな関係性へと変わります。

よく、指導者から伴走者へと言われますが、そんな中で生徒の質問に具体的に指示を与えてしまうとどうなるでしょうか？　発表などのアウトプットの質を上げるならばその方がいいかもしれません。でも、そうしてしまうと探究をわざわざやる意味がなくなります。やはり多くの生徒にとっては一つの正解を追いかける方が楽です。でも教員が何とかいろいろ考えさせようとすれば、新たな関係性の中で生徒は探究に取り組んでくれます。

そこに具体的な指示、つまり何らかのあるべき方向性を教員が示してしまっては、その関係性が崩れてしまいます。だから、答えを相手に見つけさせる形で質問に対応する、疑問形の問いかけを返す、例えば「あなたならどうする？」とするのが、基本的な対応です。この対応のバリエーションによって、外にある答えではなく、生徒自身の中にあることと、芽生えてきたことを引き出したり、整理してあげたりしてみてください。それが伴走者の重要な役割ではないでしょうか。

ただ、お互いにあまり余裕がない時に無理にそういう問いかけはしない方がいいかもしれません。本稿のような話をしてあげた若い同僚が残り時間のない中で、一生懸命問いかけをしている場面を見ました。余裕がない時にやると、ほぼ責めているような感じしかしません。だからそうするなというわけではなく、忙しい中でもできるだけゆとりをもって臨みたいものです。

○教員の想いを押し付けない

「ディベート」の授業（社会科）を見学した話を聞いたことがあります。「核戦争は正しいか」というテーマで「正しい」側チームの生徒が巧みな論理展開で競技としては圧勝したように見えました。ジャッジは担当教員が行いますが、彼がどういうジャッジをするかに注目したところ、核戦争のメリットを語る倫理的にどうかと思われる発言に口を挟まず議論を続けさせただけあって、ジャッジは公正な判断で「正しい」側チームの勝利でした。

授業終了後の大人たちの雑談では、口を挟むべきではなかったかという意見も出ましたが、担当教員は反論します。「ディベート」の価値の一つは、常識と違う側を担当させられ、納得のいきにくい主張を展開していくことにあると。一般人から見て納得がいかない現実がしばしばあり、それはそれで誰かの論理で動いているわけです。その側に立って正当性を主張すれば、その論理が見えてくるというのです。

そこに口を挟んではその効果がなくなるというのが、彼の反論でした。確かに授業の目的を考えると彼の反論の通りです。ですが現実にそういう場に直面すると、つい口を挟んでしまう教員は少なくないでしょう。言いたい気持ちは理解しますが、教員個人のそういう想いを生徒に押し付けるべきではありません。振り返る機会を設けるだけで十分ではないでしょうか。

別の事例を説明したいと思います。東京女子学園の総合的な探究の時間には「ゼミ」として、一人の教員が数名の生徒とテーマに沿った活動を一年間行う授業がありました。その中で、女子校としては最後の一年になるので、ゼミ生全員で記念のモニュメントを作り、その経過で考えたことを個人で発表するというスタイルを設定しました。学校の歴史・創立者の想い、女子教育がなぜ生まれたか、海外での女子教育、そういったことを学び、モニュメント制作に入っていきます。

最後の授業の時間に、全てのゼミ生が発表する発表会を行いました。多くのゼミ生が女子教育について掘り下げていく中、モニュメントの素材でしかなかったタイルを起点にイスラム文化へと広がっていった自分の興味を存分に発表した生徒がいました。

学校では、少なくない教員が、方向性を矯正してこういう生徒の邪魔をしています。そんな対応をしていては、永遠に探究心も好奇心も発揮されません。

先ほどのディベートの話同様、自分と違う方向性、解釈、考え方などを認めてあげることが重要なのだと思います。「伸ばす」ということにとらわれて実は「邪魔をしている」「つぶしている」こともあるのではないでしょうか。

○オープンな問い、クローズドな問い

小学校の先生たちの研修会などでは、オープンクエスチョン、クローズドクエスチョンという言葉が出るようですが、中高の教員研修ではあまり耳にしません。イエス・ノーなど選択肢式の質問がクローズドクエスチョン、「どう思うか？」式の、答えのバリエーションが示されていない質問がオープンクエスチョンと呼ばれています。

教育界のトレンドはオープンクエスチョンのようです。「正解のない問い」という言葉が流行っていますがその流れでしょうか。でも実際に正解がなかったらその発問は収束し

ないわけで、「正解の定まらない問い」とか「いくつも正解がある問い」というのが正しいのではないでしょうか。

ちょっと困ったオープンクエスチョンに出合うことがあります。オープンクエスチョンで正解が定まらないようで、わかりきった正解にたどりつく問いです。わかりきった答えを求めるような発問ってどうでしょうか。例えば実際に耳にしたのは「阪神・淡路大震災と東日本大震災どっちが悲惨か?」。その教員はオープンな質問のつもりで生徒に色々な観点で考えて欲しいのかもしれませんが、恐らくどの指標をとってみても後者のほうが悲惨。運がよければ生徒は忖度して答えを出してくれるでしょうが、その発問からでは、何を考えさせたいのか、何を望んでいるのか、意味不明です。

オープンクエスチョンが求められているのは、「正解の定まらない問い」を発問し、その生徒なりの視点で納得解を出して欲しいからです。クローズドクエスチョンなら生徒は問いに向き合わなくても「どれかが正解のはずだ」と消去法で答えを見つけられます。でも、あれも正解かも、これも正解かも、という中で、自分なりの正解を出すために理由を考えるのが学習の中では重要です。効果的なオープンクエスチョンのために、発問についてこれまで以上にきちんと考えることが大事になってきているのではないでしょうか。

○経験を広げる場としての探究

総合的な探究の時間はあまりに多くのものを背負わされてしまっています。次ページの図は学習指導要領解説からの転載ですが、日本中のあらゆる学校が、高校三年間の三（〜六）単位の授業を中心にこの内容を実現するのは困難ではないでしょうか。また、これまでの多忙さから何も引き算せずに新たなことが追加されても、どの学校も実施は困難ではないでしょうか。学校の職員室に入ったことがない人が作ったのではないかと感じてしまいます。

当然私もこれを満たすことはできません。学習指導要領とその解説を読み込んだ上で、私の与えられた現場で最も大事なのは、「身近な事象に好奇心をもつ」「視野・経験を広げる」「試行錯誤をする」、この三つの機会を作ることだと考えています。

身近な事象のちょっとしたことを不思議だと感じてもらいたいのです。ペットボトルのお茶を凍らせるとなぜボトルがパンパンに膨らむのか、プールと違って海で泳いだ後はなぜ身体はベトつくのか、何気なく見過ごしている事象に気を留めてほしいと思います。ですが、一人ではなかなか気付けないものです。授業で出合った事象について、クラスメートと話し合うことで、一人で見ていては気付かなった何かに気付けるかもしれません。それが学校や探究の良さです。

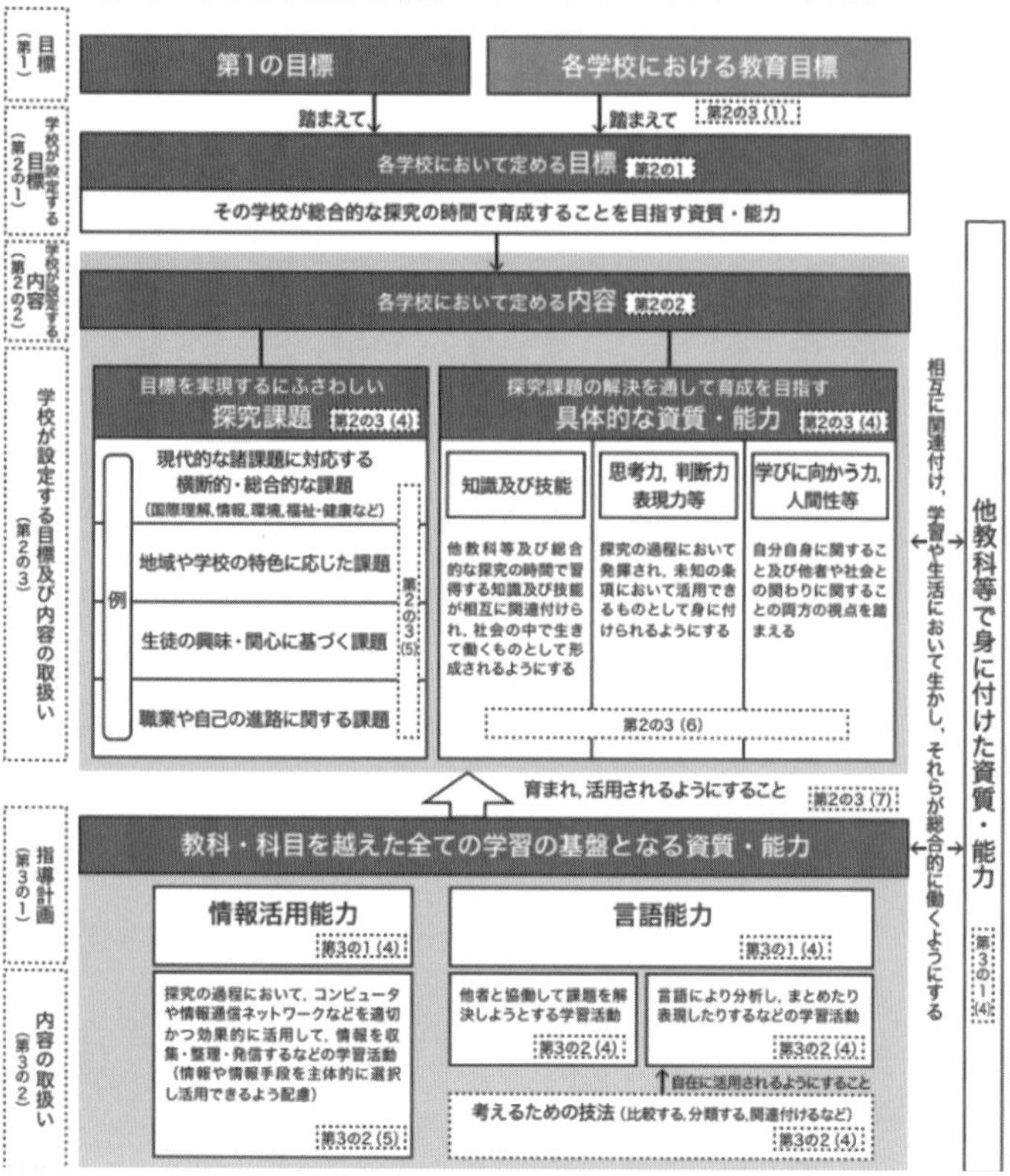

文部科学省「【総合的な探究の時間編】高等学校学習指導要領（平成30年告示）解説」（https://www.mext.go.jp/component/a_menu/education/micro_detail/__icsFiles/afieldfile/2019/11/22/1407196_21_1_1_2.pdf）、pp.21より

また、好奇心ということで言えば、元々子供に好奇心は備わっています。それをつぶしているのは大人です。実際に私も、子供の頃はエジプトで発掘をするような考古学者になりたかったのですが、その夢は中学の定期テストが打ち砕いてくれました。暗記のバカバカしさを痛感させられる出来事があって、社会科という教科への興味を全く失ってしまったのです。好奇心を発揮させることは難しいですが、好奇心をつぶすのは簡単なことです。その意味で教員は大きな責任を背負っているのではないでしょうか。

「視野・経験を広げる」ということを、私は、担当の理科・化学や探究の時間を通じて優先課題にしています。公式を暗記するより、本物に触れることの方がはるかに重要です。例えば、実際に発売可能なコスメ製品を生徒たちと開発したこともありますし、お菓子メーカーと一緒になって生徒たちのアイデアで新製品を作ったこともあります。そういった開発を進めていく中で様々な試行錯誤が行われます。真剣に対象に向かっているときの試行錯誤は楽しいものです。

好奇心がつぶされず、視野と経験が広がり、試行錯誤が楽しめる、そんな人間になれば、その先の人生はとても明るいものになると信じています。

〔三・三　生徒を信じる探究授業〕

○実践体験型探究授業例1〈唐澤〉

実社会との距離を縮める企業とのコラボ企画でＰＢＬ：明治図書出版とのコラボ

先生やソーシャル・メディアなどから推薦されたが使い勝手が悪い、自分に合わない、など様々な理由で学習参考書を替えまくるジョブ・ホッピングならぬ、参考書・ホッピングをする生徒が見受けられます。そこで、この身近な問題を解決できないかを生徒とともに「探究」することとしました。週一時間の「探究ゼミ」では次の手順を踏んで取り組みました。

①プロジェクトの策定・問題に出合う（テーマを決める）

「日頃使っている参考書に不満はありませんか？」という問いかけで「探究ゼミ」を募集しました。もちろん、結論までの道筋はありません。一年目で集まった六人（高二のみ）の生徒の共通点は、「日頃使っている参考書に不満がある」ということだけ。議論のスタートは、「どの教科の参考書かとか、難しいとか、細かいとか、本が厚いとか…」。そして、それぞれの不満はなぜ起きるのかに議論が移りますが、「見づらいよね」「カラーがいいよね」「絵や写真がないとね」「キャラクターがかわいくないよね」などで、学ぶべき内容に批判は起きませんでした。

■ここでの生徒の学び…学ぶ意欲は内容で決まるわけではないということが共有された。

②どうしたら解決できるのか実践的・論理的手法によって考える（解決策を考える）

そもそも、参考書はどうやって作られているのか、出版業界の実態を知るために、出版社を訪問しました。制作現場の見学、製本体験、編集体験、というリアルな職場体験を提供していただきました。

《二〇二一年（一年目）：オンライン教材開発への参画》

ドリル教材の補助学習用としてオンライン教材を開発中であったので、編集部からパイロット版の使用を通して意見を出す協働を提案されました。「バグ」を見つける程度から始めたのですが、レイアウトや学び方に疑問を持ち、学習プロセスを変更するアイデアを提案したところ、採用。さらに、プログラムの書き換え等で開発のための追加費用が二〇〇万円ほどかかった旨を開発部署から報告されました。

出版社訪問の様子

■ここでの生徒の学び…自分の意見を聞いてくれる大人がいることで、実社会とのつながりを体験し、また、自分たちの考えが通用して会社へ貢献できたことで、自分の考えや行動に自信がついた。

③相互に話し合い、何を調べるのか明確にする

《二〇二一年（二年目）：「売上の悪い小学校・中学校用学習教材」の売上を伸ばす》

学習教材の売上を伸ばす方法を営業担当スタッフと考えるという提案を受けました。二年目は高校二年生四名、中学二年生二名の六名が参加。

各自ターゲットの教材を手にし、販売担当から販売実績のレクチャーを受けて、販売ルート、目標販売数、実際の販売数などの具体的な数値を共有させてもらいました。販売に関するリアルなデータは社外秘なので、ソーシャル・メディア等も含めて友人や家族にも一切漏らさないというルールを徹底。また、学習内容の変更には踏み込まないことも前提に話し合いを進めていきました。

どうやったら売上が伸びるかについては、まず販売担当の取り組みを検証すべく、以下の内容を営業担当の方と議論しました。必要に応じてオンラインでのミーティングを実施（オンラインの活用事例は後述、一〇五ページを参照）。

・どんな目的で作られた本なのか

・購買者は誰なのか
・使用者が手に取るまでのプロセスはどうなっているのか
・そもそもコンテンツに問題があるのではないか　など。

結果、生徒は子供が自分で選んで購入できると考えていましたが、小学校・中学校では実は選定者は教員であることがわかり、使用者目線ではなくて採用者（教員）目線という、経験したことのない想像をしなければならないことを学びました。また、売上データを通して具体的な採算目標があることや、紙面レイアウトや内容の変更はできないことなど、制限のある中で打開策を考えなければならないことも知り、こうして共有できた条件と販売担当の方々からのアドバイスによって、以下の三点に取り組むことになりました。

・ホームページの改善
・販売促進グッズの作成
・販売リーフレットの改善

■ここでの生徒の学び…販売データや販売の仕方などから、データ分析やマーケティングの重要性を認識できた。また、学習教材は、必ずしも

オンラインミーティングの様子

生徒の目線から作成されているものではないことから、自らの学習教材選びにも参考となるヒントを得られた。

④自主的に学習する

「探究ゼミ」では授業は生徒の自主性に任せて進めます。先生の役割は、生徒からの依頼があればオンライン会議の設定の手助けをする程度です。学年の枠を超えた縦割りの学習環境の中に、会社が加わり、制限のない場所・環境（メンタルを含む）が提供されることで、実社会でも起こりうる価値観の相違を克服していく合意形成プロセスを学べます。先生は指示を出す人で、最後は問題解決の答えを持っているという従来の学習プロセスは取らず、先生は伴走者であり、一緒に考えます。ひいては「生徒を信じる」態度が、生徒の環境に心理的安全性をもたらし、忖度のない自由な意見交換に向かわせます。自ら考え行動する体験をしていないと、見た目は自主的に学習しているようであっても、どのフェーズにおいても、どう評価されるかを気にしながらの学びになってしまいます。自主的に学んでいく途中で道を逸れてしまったり道草を食ったりすることは、当たり前に起こりうることだという安心感があれば、時間制限やトピックのしばりを気にしなくなります。結論に至らないまま学期が終わったり学年が終わったりしても、学びのプロセスの中で自己評価ができれば十分だと考えています。

⑤新たに獲得した知識を問題に適用する

データを見て、解決策を考えることの重要さを認識できれば、学校生活の中でも様々な活動に活かせるようになります。例えば文化祭での「販売」でも、売ろうとするものが社会ではどういう位置付けで、どうやったら売れるかを様々な角度から検証するようになります。個々の好き嫌いや、単純な多数決のような方法ではなくて、ネットから情報を集め、時にはアンケートなどを取りながら、取り組んでいくようになります。「みんなやってる・みんな持ってる」という漠然とした見方は是正され、先生が示す「正しい見方」で納得するのではなく、自ら考える「クリティカルな見方」が身に付いていきます。学習においても、忍耐力が評価されがちな日本の教育ですが、ロジカルで科学的・メタ的な見方があることに気付き、「先生が言うのだから、従おう」と鵜呑みにする受け身だけの学習に留まらなくなるのです。

●まとめ：「生徒を信じる」探究

「探究」においては「評価」と「成果」を求めがちですが、チームで行う場合、生徒個々が自由に考え、協働している仲間の意見を尊重し、話し合って「最適解」を考えるプロセスと、そのプロセスにおける「主体的に学習に取り組む態度」が最優先に評価されるべきでしょう。そのためには、自分の意見を尊重してくれる環境作りが重要です。

【参考】『プロジェクト学習とは 地域や世界につながる教室』（スージー・ボス+ジョン・ラーマー著／池田匡史・吉田新一郎訳、新評論、二〇二一年）の中で、「PBL実践のゴールドスタンダード」として、プロジェクト計画に不可欠な七つの要素が紹介されています。本項とも関連するので、ここでご紹介します。

①挑発的な問題や課題／②継続的な探究／③「本物」を扱う／④生徒の声と選択／⑤振返り／⑥批評と修正・改訂／⑦成果物を公にする

○実践体験型探究授業例2〈唐澤〉

先生が「評価」はしない「探究」：ソーシャル・メディアの活用

第一章でもご紹介した「DSDA」は、「Data Science, and Design Art」の頭文字を取った略語で、実体験を通して、データ収集・解析をし、新しいデザインを創造する授業です。東京女子学園での「探究」のベースになっています。ここではその授業例を紹介します。

「かんてんぱぱ（伊那食品工業株式会社）」×「クックパッド」の企業複合コラボ授業

①「探究のテーマ」を決める

・プロジェクトの策定＝「かんてん」レシピに挑戦

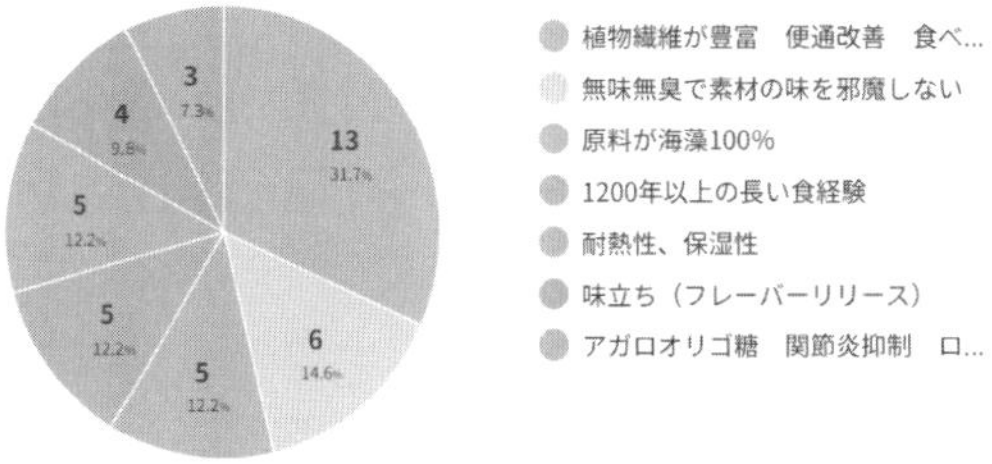

寒天の魅力（生徒へのアンケート結果）

・先生からの「問いかけ」＝「健康食に興味はありませんか？　食物繊維を多く含んでおり、ダイエットによいと言われているものですが、何だかわかりますか？　食品だけでなく、衣料品、化粧品等様々な材料として使われています」

・実験＝実食をして、アガー・ゼリー・寒天の特徴・特性を把握する

・ワークショップ1＝伊那食品工業の方から「かんてん」の基礎知識を学ぶ

・ワークショップ2＝クックパッドの方から公開レシピの意義を学ぶ

②料理で「誰を」「何で」「どのように」喜ばせたいか（解決策を考える）

・寒天の魅力を共有する

▼安全性：原料は海藻一〇〇％／一二〇〇年以上の長い食経験

▼物性：無味無臭で素材の味を邪魔しない／耐熱性・保水

性／味立ち（フレーバーリリース）

▼機能性：食物繊維が豊富／便通改善／食べ過ぎの抑制／血糖値の上昇抑制／アガロオリゴ糖（関節炎抑制＝ロコモティブシンドローム対策）

・生徒の声と選択＝何に関心があるかアンケートを取って、自分の関心と他者のそれとの比較を行い、仲間の関心はどこにあるかを共有しておきます。「協働」による探究は、実践までに十分な議論が必要となりますが、食に関する探究だと「自分事」としてとらえやすく、「誰に喜んでもらうか」を想像すると、個々の取り組みとしてやりやすいものがあります。家族が頭に浮かぶと、ペットにも考えが及ぶこともあります。

③身近な本物を扱う：実験から「探究」へ

自分事でなく、例えばＳＤＧｓのような、大きな社会問題に取り組もうとすると、調べもので終わってしまうことがあります。他教科と同じく「評価」が気になると、本当に「探究」したいわけではないことを選ぶこともあり、先生への見えない忖度が働いていないか、教員は気を付けなければなりません。ＡＩの登場で、記号と事物の結び付けに関する記号接地問題がよく取り上げられるようになりましたが、探究においても、経験から生まれる「知覚」を養いつつ「探究」する生の体験が大切です。

・実験（調理）＝実験は、例えば次のような教科横断型授業の実践にもつながります。

実験（調理）の様子

▼家庭科＋数学（レシピ作成時の食材分量・データの分析など）

▼化学・生物（物性の研究）＋**英語**（英語版を作る）

④評価の仕方

三観点評価については、次のように考えればいいと思います。

・「知識・技能」→食に関しての基本知識と、調理技術

・「思考・判断・表現」→レシピ作成、調理、試食

・「主体的に学習に取り組む態度」→振り返り、データ分析と改善

また、参加者全員でデータを共有することで相互評価を取り込んでもよいでしょうし、五段階評価は必要なく、自己評価だけでも十分です。

⑤振り返り

作成したレシピは、クックパッドに投稿しま

クックパッドのデータ

す。評価が数字でわかる仕組みができあがっていて、先生が評価するわけではないので、変に気を回して忖度する態度は生まれません。アカウントを作って投稿すると、個人のアカウントに閲覧回数などのデータが反映されます。

生徒同士でデータの確認をすると、最初は閲覧数にどうしても目が行きますが、閲覧回数での比較だけでは見えないものがあります。例えば上に挙げた二つのデータの保存率を見ると、右は28／717≒4％、左は27／1000≒3％

となり、どちらのレシピが人気かに関して違った見方ができます。また、アクセス数の推移なども見ながら、閲覧の伸び悩みはなぜなのかなどを分析し、一定期間を置いて、レシピの改善や写真の作り直しといった手直しをしたらどうなったか、探究していきます。さらに、「友達のレシピと比較したとき、写真のきれいさも重要なのだとわかった」と分析した後、「それどうやって撮るといいの？」とアドバイスを求めて改善するなど、デザインの探究も進んでいきます。

●まとめ

クリティカルに考え、問題を解決し、協働して何かに取り組み、自らの学習を管理することができれば、将来大学、職場、そして市民生活において遭遇するであろう問題を解決できるスキルが身に付けられたと言えるでしょう。そして、この問題解決を同学年ではなく、学年横断の中でやることの意義は大きいと思います。ときに先輩に気を遣い、後輩を思いやり、通常の授業とは違う環境を利用することで、各人が持っている習慣や、価値観をぶつけ合う良い機会を作り出すことができます。また、生徒と一緒に計画を立てられる環境を用意することも大切です。例えば、Google Classroom・Padlet・ロイロノートなどを活用して、いつでもアクセスできる環境を準備しておくといいと思います（オンラインの学習環境については後述、一〇五ページ参照）。

○実践体験型探究授業例3〈難波〉

創造性を解放する

探究の授業の中で、様々なアイデアコンテストへの出場を企図する場合、最も課題になるのは、アイデアが出てくるかということになります。当然、こちらが黙っていては生徒からなかなかアイデアが出てこないのはわかっています。

そこで、新学期当初、全員に次のような授業を実施しました。

創造性を伸ばすこと自体は短時間でできるものではありません。学校には芸術科目があると思われるかもしれませんが、多くの時間は表現の技法を学んだり、作品を鑑賞したりすることに当てられます（この「鑑賞」は実は創造性を伸ばす上でとても重要なのですが）。「伸ばす」よりまず、既に生徒たちが持っている創造性を解放してあげることを考えました。その一つはブレスト（ブレーンストーミング）の練習です。ブレストそのものは、その後のグループワークに備えた話し合いのお作法として学ぶ必要もありますが、創造性の解放にもつながります。グループを作り、各グループで全員が思い付いたことをほぼ制限なく口に出させます。ここで授業者にとって重要なのは、どんなくだらない発言でもポジティブに向き合うことです。授業者の顔色をうかがう生徒も少なくないですから、くだらない発言にネガティブな表情を浮かべては、その後の生徒たちの発言が活発とはなりません。

次の具体例は、発想力を鍛えるための「具体」と「抽象」についてのワークショップです。具体と抽象の往還ができることは、学習の上でも、仕事をしていく上でも、人生でも極めて重要です。数学は数学世界（抽象）と現実世界（具体）、理科の公式も現実世界（具体）を抽象化した一般法則です。英文法も口語文法も文語文法も、抽象化された現実の言語運用（具体）の一般法則です。歴史も年号を覚えること自体はさして重要でなく、歴史上の流れなどの事象を抽象レベルでも理解することが重要であって、これからの社会を考えていく上の基礎となる大切な科目です。

さてそのワークですが、①同じカテゴリーの単語群を二つに分類させる、②関係なさそうな二つの単語の共通点を見つけさせる、というものです。

例えば①のワークとして食べ物のカテゴリーを取り上げると、「甘い」⇔「しょっぱい」、「温かい」⇔「冷たい」、「素材」⇔「料理」など、様々な分類が考えられます。生徒は遊びのように感じているかもしれませんが、「観察」「抽象化」「具体化」「試行錯誤」「多様な解に向かう」と、創造性に必要な思考の多くを働かせなくてはなりません。それは②のワークでも同様です。

「具体」と「抽象」のワーク例

これは後になって気付いたことですが、同じ学校の生徒でも学年が上がるにつれて、発想が遠慮がちになっていきます。次項で事例を紹介しますが、同じ課題を与えると、意見が出るとか、手が動くまでの時間がかかることに気付いたことがありました。結果の質は上級生の方が高いのですが、そこまでにかかる時間が違います。当然じっくり考えてからよりよい解を求めることも重要ですが、アイデアを発想して実際に試しながら修正しブラッシュアップしていくような課題にとって、発想に時間がかかるのは好ましくありません。

このことからも、創造性を「伸ばす」より前に、既に持っている創造性を「解き放つ」ことの重要性がわかります。

○実践体験型探究授業例4〈難波〉

挑戦心をつぶすのは誰？

探究授業を担当している教員の発案で、「宇宙エレベーターロボット競技会」に参加しようという話になりました。その教材「宇宙エレベーター」は、発売元によれば、「ロケットにかわる宇宙への輸送機関『宇宙エレベーター』をイメージしたロボット（クライマー）をレゴブロックで組み立て、プログラミングによって動かします。どんなプログラム・構造がよいか試行錯誤することで、問題解決能力を育成しながら、未来技術のしくみをはじめ、摩擦やトルクなど様々な物理的要素を学ぶことができます」となっています（株式会社ナリカ　理科ドットコム https://www.rika.com/programming/space_elevator より）。発売元の研修会で手に触れてみると、確かにその「物理的要素を学ぶこと」と「試行錯誤することで、問題解決能力を育成」する点ではとても良い教材だと感じました。

この教材を用いた「宇宙エレベーターロボット競技会」では、同じレゴのキットを用いてエレベーターを作成し、プログラミングで動作を制御し、より多くのピンポン玉を「宇宙ステーション」に投げ上げることを競います。基本パターンまでは同じように組み立て、さらに運搬・放出手段を考え、地上から「宇宙ステーション」まで決められた時間に何個運んだかで競い合うことになります。

●実際の授業の流れ

授業は次のような流れで進めました。

（1）宇宙エレベーターの概略の説明（JAXAの方にも出張授業をお願いしました）
（2）この教材で行うことの説明
（3）製作と試行錯誤
（4）実際の競技（タイムトライアル）
（5）表彰・振り返り

レゴで基本となる上下動するユニットをマニュアル通りに組み立てた後、ＰＤＣＡのようなサイクルで生徒たちはピンポン玉を「宇宙ステーション」に上げることを考え、試行・調整していきます。女子生徒だけでうまく進むのだろうかという不安がありましたが、それぞれに楽しそうに創意工夫をすることができていました。

●気付き

この授業を通じて様々な気付きを得ることができました。本稿で取り上げたいのは、学年による違いです。高学年ほど、コンテスト結果（ステーションに上げたピンポン玉の数）は良かったのですが、作業内でのＰＤＣＡ上の「Plan」の時間が長く、「Do」つまり試行してみるまでのタイミングが遅くなっているようでした。学年による違いを図示すると上のようになります。

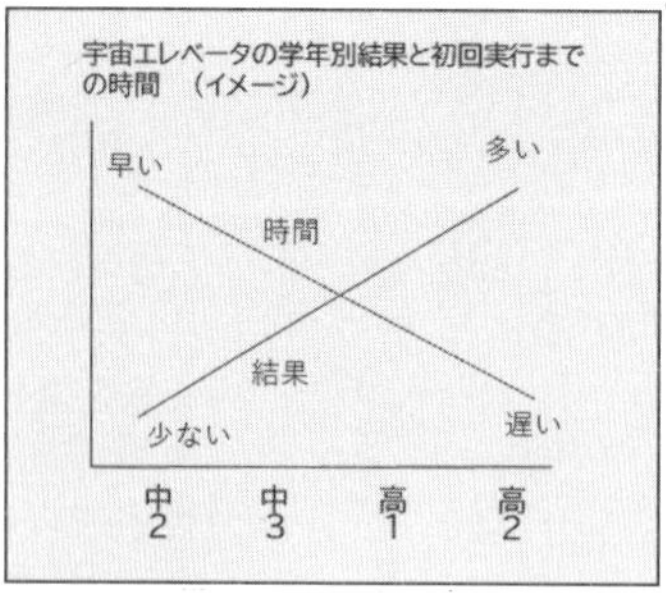

学年による違い

発達によりだんだん思慮深くなる側面もあるのでしょうが、失敗したくない・失敗するところを見られたくないという、お互いの緊張感によるものではないかと言う同僚もいました。ただそれよりも、彼女たちは歳を重ねるごとに、大人たちに挑戦心をつぶされているのではないかと感じた次第です。

三・四　教員も自らを信じよう〈唐澤〉

○「教師も協働」

二〇二〇年四月、コロナ禍での緊急事態宣言を受けて学校が閉鎖され、休校期間は三月から最長で約三カ月に及びました。その間の学校対応はまちまちで、すぐにオンライン授業に取り組んだ学校もあれば、先生が自習教材を印刷し各家庭に届けるという対応した学校もありました。オンライン授業ができなかった理由は、もちろん、デバイスの導入やWi-Fi環境などのインフラ整備の遅れもありましたが、先生方のＩＴ活用の理解が進んでいなかったことが大きいと思います。オンライン会議のツールとして注目を浴びた「Ｚｏｏｍ」ですが、コロナ禍になるまで使ったことのない先生がほとんどだったわけですから、休校期間に活用すべく、行動に出た学校は少なかったと思います。東京女子学園では、既にｉＰａｄを活用していたアドバンテージはありましたが、オンライン授業に関しては最初から前向きだったわけではありません。データのやり取りは「ロイロノート」でできるので、教材をロイロノートで送り、連絡はClassiを使うことで当面は乗り切ろうとしました。しかし、「学びを止めない」の合言葉で、オンライン授業の準備を始めたのです。ここからは、東京女子学園でのオンライン授業実現までの三つのステップをご紹介します。

○「先生方の力を信じて」

不思議と反対をする教員はいませんでした。いつまで続くかわからないコロナ禍がじっと過ぎ去るのを待つという選択肢はなかったわけです。ベテランの教員が音頭を取ったことも大きかったと思います。「自分もどうしたらいいかよくわからないので、皆さんで考えましょう」という掛け声で、生徒の来ないがらんとした教室で、モニターを持ち込み、どうやって配信するのか、そもそも生徒にはどう見えているのか、あらゆる疑問を一つ一つ実験していきます。見切り発車でスタートし、何が起きても解決しながら進めるという方法を取りました。当初は、クラスを間違えて行方がわからなくなる生徒や、配信する教員が設定時間を間違えて遅刻するなど、様々なハプニングが起きました。それでも、「休校」はあっても「休講」はしないという意気込みは萎えることなく、先生は何でも知っていて教える立場であって、それを逆転させるなんてとてもできない、という気持ちを持っていた教員がいたかもしれませんが、結局はわからないことは生徒に聞けばいいと、教員同士だけでなく生徒にも協力を仰ぎました。「先生、マイクがオンになってません、画面下のマイクのマークをクリックしてください」「みんなが見えないぞ」「ああ、先生、画面右上の…」。最初はこんなやり取りばかりです。

Padletの活用例

○オンラインでフレックスな活動

オンラインという時間・場所を問わない学び方を手に入れて、探究の幅が広がりました。Google Workspaceなどの共有ドキュメントを使った協働作業も、画面の一部でＺｏｏｍを開いておくことで、リアルタイムで実際に話をしながらグループ活動ができます。議論の延長は、「夕飯を食べて、二一時からね」みたいなことは当たり前になります。ティーカップ片手にミーティングをするのも特別ではなくなりました。

○学習のプラットフォーム

成果物をまとめるに当たっては、無料のGoogle Workspaceだけでなく、ＬＩＮＥグループを使っても構わないのであって、学びのプラットフォームに制限を加える必要はありません。様々ある中であえて挙げるとすれば、オンライン掲示板アプリ「Padlet」が便利です。テキストを入力しての投稿はもちろん、画像、音声、動画、手書きなど、色々なものを投稿して、参加者がみんなで閲覧したりコメントしたりできます。複数のグループがスレッドのように掲示されるので、オープンな環境で活動ができます。

三・五　探究を失敗させないために②〈唐澤〉

○探究の余白作り

高校においては、「総合的な学習の時間」が、「総合的な探究の時間」になり、探究が高度化し、自律的に行われることが目標になっています。

標準単位は三〜六となっていますが、多くの学校は、各学年で一単位、三年間で三単位設定しているようです。しかし、週一時間の枠では年間でも三〇時間取れればいい方で、課題解決型学習をするのに十分な時間とは言えません。課題によっては、フィールドワークが必要になったり、ワークショップへの参加、企業訪問などの必要が出てきたりします。しかし、週一時間の授業でだけ探究を行うと決めてしまうと、時間の延長が難しくなります。

○週末の（五・）六時限目に設定

東京女子学園では、週末の六時限目に「探究ゼミ」を置き、フィールドワークを一四時からでも可能にしました。校外活動、例えば企業訪問なども、二〜三時間の予定が簡単に組めます。また、二単位にして、五・六時限目と連続させれば、昼休みもうまく使うと、丸々午後を探究の時間にできます。ちなみに、東京女子学園では、先ほども触れたDSDAというオリジナルの探究科目を作り、二単位を当てていますので、金曜日六時限目の一単位に加えて木曜日の午後五・六時限目のDSDA二単位で三単位が探究の時間となります。これを二年間行うので、高校の探究には六単位当てています。こうして放課後に探究の延長を可能にして、校外活動を取りやすくしています。高校三年生は選択制となります。

（木）	5限	6限
中1	探究①	探究②
中2	探究①	探究②
中3	探究①	探究②
高1	探究①	探究②
高2	探究①	探究②
高3	選択	選択

東京女子学園の時間割

○全学年を混ぜての探究

同学年での探究では、意見・考えが画一的になりがちです。学年の枠を越えた学習環境で探究を行うことは、学校文化を築いていく足場を作るメリットを生み出します。中高一貫ならではの最大五年の年齢差は、価値観が多様化し視野が広くなります。下の学年は背伸びができるし、上の学年は面倒を見る体験ができるわけです。高三生は選択制にし、探究を継続したい場合は、参加を可能にしておくことで、総合型選抜の準備もできるようになります。

○質の高い探究に向かうために教育土壌の「粒度」を上げる

知識偏重のカリキュラムで大学入試対策が優先されると、カリキュラムは詰め込みがちになります。隙間なく均一のコンテンツを敷き詰めるイメージです。建物を建てるとき、土台となる土壌の改良は重要ですが、同じことは教育にも言えそうです。土壌の良し悪しを表現するときに「粒度」の良し悪しが使われます。土に含まれる土粒子の粒径範囲が広い土は、土粒子径が不均一なので、安定度が増します。同じように教育において、多様な学びをすることで、「粒度」の良い状態ができ、安定した教育（学び）の土壌ができると思います。

東京女子学園で実践している探究は、毎年あえて違う課題に向き合うことを推奨しています。六年間、違うテーマで探究に取り組むことは、まさに、不均一な土粒子で土を作っていることと同じです。中高時代に探究が終わるわけでも、完成するわけでもなく、生涯に渡って探究心を抱き続けるためには、このような「学びの粒度を高める」ことが大切であると思います。

学びの粒度を高めた東京女子学園の生徒たちは、次のようなテーマで探究に取り組みました（二〇二二年の例）。

「中高生ができるスポーツ・運動をつくろう」

「学習教材のデザイン&マーケティング」

「数学と芸術」

「オタクですが何か？」

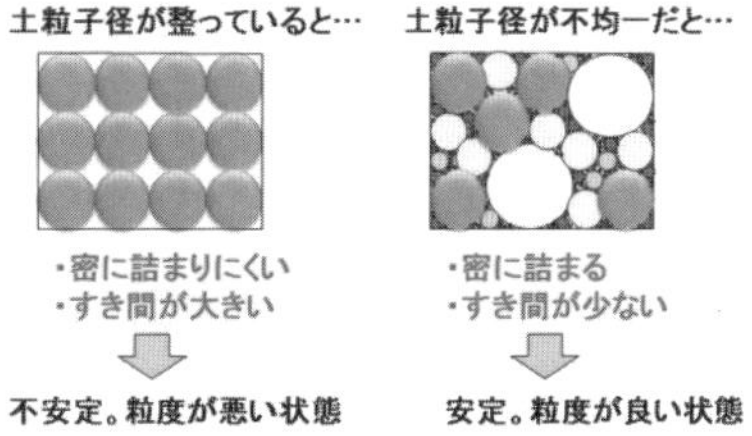

土の知識、NPO 住宅地盤品質協会（https://www.juhinkyo.jp/knowledge/column/vol1/）より

「ロビ（ミニロボット）と学ぶ」

「ウォールアートでpeaceの輪を世界へ広げよう」

「東京女子学園にモザイクガーデンを造ろう」

「スローフード〜野菜を作って、調理して食べよう〜」

生徒の感想や意見

最後に、探究に取り組んだ東京女子学園の生徒たちの声をお届けします。

《企業とのコラボ授業について》

・様々なプログラムを通し、ブレーンストーミングをしてアイデアを生み出す→仲間と共有する→組み合わせて新しいアイデアを創造する→大勢の人に言葉や図表で説明する、という能力が養われました。企業とのコラボ授業の際、チームで新商品を開発して企業の方々にプレゼン（商品化してもらうためのアピールを）しました。自分のアイデアに専門家の方からフィードバックをいただけたことは貴重な体験でした。

・進路計画を組み立てる際に探究で養われた、自分で調査をしてまとめる力が役立ちました。またゼミ探究で行った洋服の寄付活動について出願書類の課外活動欄に記述し、大学にアピールすることができました。

・キャリアトークなどで、自分たちの将来について考える機会がもてた。

・プレゼンをする機会が多くあったので、パワーポイント作りなどが上達し、人前で話す度胸がつき、受験の際の面接でうまくいった。

《余裕のあるカリキュラムについて》

・余った時間を使って大学への出願用エッセイの執筆や課外活動、ボランティア、募金活動をするなど、有意義に過ごすことができました。

・午前授業のおかげで午後は好きな事、自分の専門的な学習が出来た。

○あとがき○

「なんちゃって探究」で終わらせない　教育ジャーナリスト　後藤健夫

なぜ、東京女子学園では奇跡のような合格実績ができたのだろうか。

こうした疑問を解くためにこの本はある。

東京女子学園の取り組みについては、本文をお読みいただいた通りだ。

ここから先は、一般的な社会情勢や教育の展開、時代に求められる教育について書いていきたい。読者がこれらと本文中と対比することで東京女子学園の試みをさらに客観的、相対的にとらえられるのではないかと考える。

これからの若者を取り巻く環境

現代社会は「ＶＵＣＡの時代」と言われる。ＶＵＣＡとは、Volatility（変動性）、Uncertainty（不確実性）、Complexity（複雑性）、Ambiguity（曖昧性）のそれぞれの頭文字だ。社会情勢、特に隣国二国間の国際情勢は複雑性を極めている。ＡＩ（人工知能）をはじめとしたテクノロジーの進歩は、急激であり、予測が困難である。これにより、世界の金融マーケットは不確実性、不透明性をまとい、経済活動を不安定にしている。

日本は「課題先進国」と言われている。ここでいう課題とは主に社会課題である。つまり社会の中に潜む課題である。

例えば、日本では未曾有の少子高齢化時代を迎えているが、これは他のどの国も未だに経験したことがない課題である。先進的課題とも言える。

この少子高齢化が、いま、日本社会に重たくのしかかる。この少子高齢化はさまざまな課題を提示する。

地方消滅もその一つだ。地方で若者、特に女性がどんどん減っていき出生数が激減する。しかし、一方で高齢者は予防医学の発達などにより寿命が延びておりこちらはどんどん増えていく。少ない若者が多くの高齢者を支える社会となっている。

都会では、保育士が足りないと騒がれているが、地方に行くと、保育所は閉鎖されて保育士の新規採用がなくなりつつある。若者、特に若い女性が保育士の資格を取得して働き場を求めて都会に出てしまうと、その地方から若者はいなくなる。特に子どもを産む若い女性がいなくなってしまうのだから、少子化に拍車がかかる。

一九八〇年代後半には一二クラスあった町の中学校のクラスもいまは二クラスを維持することが精一杯。高校は入学者が集まらず廃校に追い込まれていく。小学校の中には児童が減り合唱ができないところや学年が欠けるところも出て来ており、統廃合が進む。このような状況が続くと若者はより良い教育を求めて町を出ていく。ただでさえ少ない若者が出て行ってしまうと町に活力はなくなる。港町で魚を加工したいがその担い手はいない。いまや水道管を維持できるか、町議会や教育委員会を基礎自治体単独で存続させられるかなどの危機に陥っている。

埼玉県のある地域ではタクシー会社が三社あったが、そのうち二社廃業してしまったそうだ。ドライバーの高齢化によるものだ。限界集落に若者はいない。高齢者ばかりである。その対応にも自治体は苦労する。その一方で、高齢者への社会保障費はまだまだ国家予算の多くを占めている。

少子化問題は、いま、中国でも間近な課題となっている。「一人っ子政策」の煽りで、少子化が日本以上に急激に起こっている。そして、活況だった中国経済に陰りが見えてきた。

あとには韓国なども控えており、短期間に産業が発達した国では、今後、こうした急激な少子化を生む可能性がある。産業が発達して暮らしが豊かになると、女性の晩婚化、未婚化が進むからだ。

このように、日本は「少子高齢化」のような先進的な課題を抱える、世界の「課題先進国」なのだ。

社会課題解決は多くの課題を含みつつどんどん大きくなっている。いかに解決するか。利害が異なる多くの人たちにはそれぞれの真実があり解がある。それゆえ意見調整が必要なことも多い。ロシアにはロシアの真実があり、ウクライナにはウクライナの真実がある。事実としては人が殺されているのだ。そうした状況からいかに解を見いだしていくか。重い課題である。

社会は社会課題という「正解のない問い」を次から次へと投げかけてくる。社会課題を解決できたのであればその解法を他の事象に当てはめることもできるだろう。そして、世間には、こうした大きな社会課題に限らず、小さな小さな社会課題がたくさん転がっているのだ。

残念なことに、日本は「課題解決先進国」ではない。少子高齢化という課題を未だ解決できているわけではない。身近な小さな課題を解決した解法を大きな事象に転用してみることや課題を構造化してとらえて小さな課題解決を積み重ねるスモールステップを踏んでいき小さなものから大きな解決へと向かうなど、さまざまな方法で課題は解決できるだろう。

デジタル社会と教育

ＡＩの登場で、これまでのように効率よく情報処理ができる人材や多くの知識を蓄えて

「なんでも知っている」博識な人材を育てたところで、いずれもコンピュータやロボットに負けてしまうことははっきりした。言われたことをきちんとこなす、命令に逆らわないといった「受動的な態度」には、ヒトは負けざるを得ない。ヒトは能動的に動かなければAIやロボットに仕事も立場も奪われてしまうだろう。

DX（デジタル・トランスフォーメーション）を解説する本の帯にこんな言葉が書かれている。

「ヒトではなく、電子を走らせろ。電子は疲れない」

これこそがDXによる産業構造の転換の本質だ。

わかりやすい例を挙げれば、企業において営業職が走り回るのではなく、電子、つまりデジタル技術による営業へと転換することを示している。つまり、ヒトとしての営業職は仕事を失うことになるのだ。

一方で、OECD教育・スキル局長であるアンドレアス・シュライヒャー（Andreas Schleicher）は言う。

「予測不能な課題を乗り越えることができる学習者、すなわち意欲の強さと情熱とを発揮できる人材をどのように育てればよいのであろうか？　このことを考える上で、教育者にとってジレンマなのは、最も教えやすく、最もテストしやすいスキルというのは、最もデジタル化、自動化、外部委託に移行しやすいスキルでもあるという事実である」

つまり、教えやすくテストしやすいスキルはＡＩに置き換わるのである。いま教育はデジタルの波と向き合うことを求められている。これは日本だけの課題ではない。ＡＩは日本だけで進化するわけではない。世界の課題だ。

日本の社会課題と大学

こうした日本における、少子高齢化、デジタル社会への対応といった社会課題は、産業構造の転換を求める。サービス業は人手不足の煽りを受けるだけでなく、その業務そのものがデジタルに置き換わるケースが増えていき、サービス業に従事する人の比率は大きく減るのではないか。

日本に数多ある大学の社会科学系学部はどこまで生き残るのだろうか。年間の出生数が八〇万人を切った。一八年後の大学入学者数はいかほどになるか。大学進学率が六割となっても大学入学者は四八万人である。二〇二三年度の大学入学者は約六三万人。つまり一五万人分の大学の定員が埋まらなくなる。この人数は二千人規模の大学七五校分に相当する。産業構造が転換するのであれば、社会に人材を送り出す大学の学部構成も変わらないといけない。多くの社会科学系の学部が募集停止となり、理工系学部を増やさなければならないのだがどうだろうか。高校では未だに私大文系三教科の受験対策に勤しんでいる。

大学側も政府の肝いりでデータサイエンス系学部を増やしているがまだまだ足りない。政府は「理系5割」を掲げて理工学系への転換を迫るが、大学の理工系学部設置も高校教育も追いついていないようだ。

コロナがもたらす授業改革

コロナ禍で、学校が休校となり、通信による教育、特にインターネットを介したオンライン授業が学校現場に大きく浸透した。

二〇一四年三月のことだ。東京工業大学で「教育改革国際シンポジウム」が行われた。そこに登壇したＭＩＴ（マサチューセッツ工科大学）のエリック・グリムソン（Eric Grimson）副総長はこう言った。

「こうした大講堂はもう要らない。知識の伝達はビデオで十分だ。必要なものは小さなラボである。そこで小人数で議論をするのだ」

先日も、高校生たちとオンラインで対話していたら、ある高校生が「知識を一方的に教える授業は、オンラインのビデオ講座で十分なんですよね。学校の授業よりも教え方はうまいし、何度も見直しができる。こうなると学校の授業はなんのためにあるんでしょうね。もっと生徒同士で議論できる時間がほしい」と現場を語るとともに、授業のあり方に疑問を呈していたが、グリムソン副総長が七年前に言っていたことが現実のものとなっているのだ。

グリムソン副総長の、この話を聞いた東工大は「東工大立志プロジェクト」という講座を立ち上げた。新入生必須履修の講座だ。新入生は二つのグループに分かれて講堂で講演を聴く。その翌週には小人数で講演の内容をもとに議論をする。この講座もコロナ禍で大学が閉鎖になると、すべてオンラインで展開された。そうしてグリムソン副総長が示したことを実現したのだ。

この講座に限らず、多くの大学ではこのコロナで対面授業ができなかったことからリモート授業が導入された。また、最近では、対面授業においても討論型やサービス・ラーニング、PBL（プロジェクト型学習）のような、単に一方的に知識を伝授するようなものではない授業が展開され始めた。

コロナ禍でリモート授業を展開した学校も少なくないが、さて、これがコロナ感染が落ち着いたあとはどうなるだろうか。そもそも求められている教育の転換は、デジタルへの転換ではなく学習者中心への転換である。デジタルは教育の手段に過ぎない。

高度な教育とは課題解決の力を養成するものだ

さて、いまの時代に、どのような若者を育て上げるのだろうか。

時代の変化が激しい、このご時世に、若者の未来、つまり生徒が学校卒業後に生き抜く未来を共有できているだろうか。それに備えた教育はどうありたいか。

国際バカロレアの初代事務局長である、アレック・ピーターソン（Alec Peterson）は言う。「生徒が高度な教育を受けたかどうかは、試験で何点取れるかではなく、まったく新しい状況で何ができるかによって確かめられる」

つまり、未知の課題を解決できるかどうかが、生徒が高度な教育を受けたかどうかの判断材料だとする。

未知の課題は「正解がない問い」である。不正解はあるが、正解が必ずしも一つに決まるとは限らない「問い」である。そうした「問い」に最善解、納得解を見いだせるかを問われる。このときに、課題に関わる人が多ければ利害関係も複雑になる。最善解だと思っていてもそれが必ずしも納得解ではないことがある。利害関係者が納得しなければ納得解にはならず、最善解にはなり得ない。いかに納得解を見いだすか。

課題解決と「対話」

そのときに求められるものは「対話」である。「対話」を通して利害を整理したり説得したりしなければ納得解には繋がらない。「対話」は自分の意見を変えていき高めていくものである。「ディベート」や「議論」のように自分の意見に固執してはいけない。「対話」の相手を尊重して十分に意見を聞き、意見の違いを違いとして認識する。そこから納得解への道ができあがる。

社会課題において、最善解が納得解にならないケースはままある。特に経済合理性に依拠した最善解は一方においては優位だが、他方においては受け入れがたいものがあることは少なくない。最善解＝納得解にすることがより良い解決になることは言うまでもないことだ。

「総合的な探究な時間」と課題解決

いま、高校では「総合的な探究な時間」が始まった。身近な課題解決を図ったりその過程で「学び方を学ぶ」（メタ学び）ことで思考の方法を身につけたりする。

「総合的な探究の時間」では自分の興味関心、課題意識、好奇心からテーマを設定して、学習に取り組む。「やりがい」の重視だ。やりがいがあるものには、没入して時間を忘れて取り組む。そして、失敗をいとわないで次から次へとチャレンジするようになる。こうしたことから深く学ぶようになる。

「総合的な探究の時間」では、クラスの仲間として協働して課題解決に取り組むＰＢＬも一般的になっている。課題解決のテーマとして扱われることが多いものにＳＤＧｓがある。持続可能な社会を実現するための取り組みである。こうしたことで環境問題に対する意識は高い。この世代はＳＤＧｓ世代とも言える。

こうしたＰＢＬに取り組むことで、脱・自前主義、脱・予定調和、脱・正解主義を実現している。

探究と「対話」

自分のテーマの探究を進めていくことで、そのテーマを研究へと昇華するケースも増えており、学会での高校生の発表や論文の掲載も見られるようになっている。

大学入試でもこうした成果を評価するケースが増えてきた。

こうした学習スタイルは、「対話」を生み、それを重視するようになる。

ＰＢＬで取り組むような社会課題解決では、自分の解いた一つの解だけでは課題は解決しない。社会の多様性の中では課題解決の解も多様だからだ。

自分一人では解決できない課題に取り組むことになれば、仲間と協働したり専門家に問うたりすることになる。

生徒は「対話」は「ディベート」ではないことを肌で知っている。「ディベート」では自分の考えを曲げてしまっては負けてしまう。だから自分の意見を押し切ろうとする。それでは課題は解決できないことを日常の活動でいまの生徒たちは知っている。それよりも他者と対話することで、他者の考えを受け入れていき自分の考えを高めたり深めたりすることの大切さを知っている。

自分の考えや理解だけではなく、他者の考えや理解を尊重しなければ、何一つとして解決されない。その他者の考えや理解を引き出すものが「対話」である。だから「対話」が課題解決に有効になるのだ。

主体性を重んじる

ただ、こうした授業は、これまでの高校の授業とは違う。一律一斉に一方的に知識を伝達することが目的ではない。過去問という既に誰かが解き正解がわかっているような問題を解くわけではない。「探究」を始めると授業時間内できちりと終わることもない。生徒一人では解決できない「問い」を他の人と対話したり協働したりすることで解決したり新たな「問い」にぶつかったりすることもあるだろう。もちろん正解は一つではないからゴールは見えているようで見えない。教える側が主役ではなく、常に学ぶ側が主役でありたい。ここで生徒を強引にある方向に持っていこうとすることは「大きなお世話」である。生徒が「自らの考えで、自ら決める」ことを大切にしたいものである。あくまでも学習者の主体性を尊重したい。

授業の主体は、教える側にあるわけではない。授業の主体は学習者である。これまでの授業手法、チョーク・アンド・トークで「教え込む」ことに慣れた教員にとっては、なにもかもがこれまでとは違う。違わないのは生徒を思う気持ちぐらいか。

これまでも文部科学省は「自ら考え、自ら学ぶ」「生きる力」などと表現してきたが、知識偏重の大学入試を気にするあまり、こうしたスローガンにはうまく与することができなかったのではないだろうか。幸い、大学入試も変わり入学のルートは多様化したし、少子化により競争はかなり緩和された。

教育は社会の中にあり、社会の影響を強く受けるものである。そして、その社会をつくるのは教育を受けた若者である。

今後は、社会における教育観が変わり、産業構造の転換にともなう教育の質的な改革、つまり、教育の主体は「教える」から「学ぶ」に置き換わり、ここまで述べたような課題解決ができる人材の育成がなされることが期待される。

最後に、これだけは書いておきたい

現代社会において課題解決でより良き解を見いだすためには「リテラシーとしてのＳＴ

EM教育」は必須である。

経済合理性のみで最善解を見いだしてはいけない。納得解でなければ誰も賛成しない。将来の遺恨となるだけである。この最善解を納得解に近づけるためには広い教養が必要だ。世間ではSTEM教育ではなくSTEAM教育と言うが、最善解を納得解に近づけようとしたときに「A」（リベラルアーツのような幅広い教養）の部分は自ずとついてくる。より良いSTEAM教育を目指すのであれば、リテラシーとしてSTEMを学んでおく必要があるだろう。

特に、AIの進化が予測されてDXを標榜する現代社会においてSTEMを学び、教科科目を超えた統合的な理数的思考が求められる。具体的な事実を構造的にとらえて、それを抽象化する。さらにその抽象を他のケースに当てはめる思考の転移をする。こうしたことで、経験を増やして対応力を付けていくことが重要だ。こうした考えはプログラミングをする際の考え方に通じる。課題を構造的にとらえてプログラムという抽象に落とし込む。その抽象をモジュール化して他のプログラムに転用する。まさに「構造化・抽象化・転移」である。こうした考え方も大学入学共通テストで数学や英語で具体的に出題されるようになっている。

OECDのPISA調査でも「数学的リテラシー」が重要視されている。この数学的リテラシーが批判的思考などの「二一世紀スキル」と結びつき、より良い課題解決をなすための素地となると考えられている。

それゆえに、数学者である河添健さんが東京女子学園の校長に就任していたことが奇跡的な合格実績をあげた大きな鍵となったことは言うまでもない。

河添さんは、教員に生徒への「大きなお世話」をさせなかった。そこに生徒が「探究マインド」を獲得できた要因がある。いま、一部の学校は、生徒に課題解決型のコンクールで良い成果を収めさせようとしているが、それは大きなお世話である。「探究学習」は手段である。ましてや「コンクールでの入賞」が目的ではない。教育は、手段が目的化しやすいものだ。探究のゴールは果てしない。なぜならば「問い」が新しい「問い」を生むような「問いの連鎖」にこそ探究の本質があるからだ。断っておくがコンクールに応募することを否定するわけではない。「探究マインド」を獲得できればそれなりの成果がついてくる。それを発表して評価を受けることはその後の活動にもプラスになるものだ。成果発表を目的にしないことが大切であり、生徒が「探究マインド」を持つことを目的としたいところだ。

この本を読んで、「○○嫌い」を生まないためにも学校では「大きなお世話」を極力排除することが良いのだろうと、少しでも感じてもらえたら、この本を出版した価値はあるのではないだろうか。

[著者紹介]

河添健（かわぞえ　たけし）
慶應義塾大学名誉教授
神田外語大学客員教授
放送大学客員教授

後藤健夫（ごとう　たけお）
教育ジャーナリスト
大学コンサルタント
教育アクティビスト
南山大学卒業

唐澤博（からさわ　ひろし）
芝国際中学校・高等学校教諭
（旧　東京女子学園中学校高等学校）
日本アクティブ・ラーニング学会理事
株式会社日教販アドバイザー

難波俊樹（なんば　としき）
東京富士大学准教授
麹町学園女子中学校高等学校探究顧問

飯泉恵梨子（いいずみ　えりこ）
麹町学園女子中学校高等学校教諭

■一般社団法人つくるとつなぐのまなび（略称CILO）
著者の教員陣が設立した団体。学校カリキュラムや教育プログラムの作成・助言、「探究」関連の企業・学校への支援、教育イベント運営などを行っている。
・ホームページ：https://cilo-j.org/　・メールアドレス：2023cilo@gmail.com

信《しん》じることから始《はじ》まる探究活動《たんきゅうかつどう》のすすめ
—邪魔《じゃま》せず寄《よ》り添《そ》う「ゆるふわ」探究《たんきゅう》を始《はじ》めよう！

NDC375／127p／19cm

初版第1刷 ――― 2024年2月1日

著　者 ――― 河添健《かわぞえたけし》・後藤健夫《ごとうたけお》・唐澤博《からさわひろし》・難波俊樹《なんばとしき》・飯泉恵梨子《いいずみえりこ》
発行者 ――― 鈴木一行
発行所 ――― 株式会社 大修館書店
〒113-8541 東京都文京区湯島2-1-1
電話03-3868-2651（販売部）　03-3868-2603（編集部）
振替00190-7-40504
[出版情報] https://www.taishukan.co.jp/

組版・装幀デザイン ― 明昌堂
印刷所 ――― 八光印刷
製本所 ――― 難波製本

ISBN978-4-469-29115-5　Printed in Japan